Juliette Allain

Phénoménologie du rapport corps-langage dans la rencontre

Juliette Allain

Phénoménologie du rapport corps-langage dans la rencontre

Éditions universitaires européennes

Impressum / Mentions légales
Bibliografische Information der Deutschen Nationalbibliothek: Die Deutsche Nationalbibliothek verzeichnet diese Publikation in der Deutschen Nationalbibliografie; detaillierte bibliografische Daten sind im Internet über http://dnb.d-nb.de abrufbar.
Alle in diesem Buch genannten Marken und Produktnamen unterliegen warenzeichen-, marken- oder patentrechtlichem Schutz bzw. sind Warenzeichen oder eingetragene Warenzeichen der jeweiligen Inhaber. Die Wiedergabe von Marken, Produktnamen, Gebrauchsnamen, Handelsnamen, Warenbezeichnungen u.s.w. in diesem Werk berechtigt auch ohne besondere Kennzeichnung nicht zu der Annahme, dass solche Namen im Sinne der Warenzeichen- und Markenschutzgesetzgebung als frei zu betrachten wären und daher von jedermann benutzt werden dürften.

Information bibliographique publiée par la Deutsche Nationalbibliothek: La Deutsche Nationalbibliothek inscrit cette publication à la Deutsche Nationalbibliografie; des données bibliographiques détaillées sont disponibles sur internet à l'adresse http://dnb.d-nb.de.
Toutes marques et noms de produits mentionnés dans ce livre demeurent sous la protection des marques, des marques déposées et des brevets, et sont des marques ou des marques déposées de leurs détenteurs respectifs. L'utilisation des marques, noms de produits, noms communs, noms commerciaux, descriptions de produits, etc, même sans qu'ils soient mentionnés de façon particulière dans ce livre ne signifie en aucune façon que ces noms peuvent être utilisés sans restriction à l'égard de la législation pour la protection des marques et des marques déposées et pourraient donc être utilisés par quiconque.

Coverbild / Photo de couverture: www.ingimage.com

Verlag / Editeur:
Éditions universitaires européennes
ist ein Imprint der / est une marque déposée de
OmniScriptum GmbH & Co. KG
Heinrich-Böcking-Str. 6-8, 66121 Saarbrücken, Deutschland / Allemagne
Email: info@editions-ue.com

Herstellung: siehe letzte Seite /
Impression: voir la dernière page
ISBN: 978-3-8416-6819-6

Copyright / Droit d'auteur © 2015 OmniScriptum GmbH & Co. KG
Alle Rechte vorbehalten. / Tous droits réservés. Saarbrücken 2015

TABLE DES MATIERES

INTRODUCTION 3

PARTIE I :

    A-Quel corps ? 4

> *Âme et corps: une tradition de pensée (p.4), Le corps de la médecine (p.5), Le corps de la psychanalyse freudienne (p.6), Le corps en phénoménologie (p.8), Husserl et le corps vivant (p.9), La phénoménologie du corps: dans le sensible, une ambiguïté irréductible (p.11), Les sens du mot « sens » (p.14).*

    B-Quel langage ? 17

> *Le langage de la linguistique (p.17), Les deux temps de la phénoménologie du langage (p.17), L'intérieur et l'extérieur, la notion d'«expression» chez Merleau-Ponty (p.18).*

    C-Le corps vécu et la parole : quels rapports ?
    Vers l'expérience esthétique comme paradigme de l'expérience
    psychothérapeutique. 21

> *Le geste de « pointer du doigt » chez l'enfant (p.21), Que dire d'un enfant qui ne parle pas ? (p.22), L'expérience esthétique comme moyen d'accès au non-thématique (p.23).*

PARTIE II :

    A-L'expression à l'œuvre. 26

      1-L'expression dans l'art et l'invisible du sensible. 26

> *Histoire et définition du « duende » (p.26), Le « duende » comme mise en présence d'une idéalité (p.28), L'« invisible » du monde sensible (p.29), La « chair » chez Merleau-Ponty ou comment penser le lien du visible et de l'invisible (p.31).*

      2-L'expression dans la parole et l'invisible du langage 33

    B-Rapports de la parole et du silence. 34

      1-Le silence 34

      2-Fonctionnement de la parole dans l'écriture littéraire 37

    C-Le geste, l'affect, le rythme. 41

        1-Le geste et le style 41

        2-L'affectivité 43

        3-Le rythme 47

            De l'intervalle au rythme (p.47), Le rythme dans l'expérience esthétique (p.49).

    Conclusion de la partie II : Comment penser l'identité dans la différence ?...52

PARTIE III :

    A-Cas clinique : Madeleine. 55

        1-Biographie et histoire des troubles. 55

        2-Une séance typique 57

        3-Commentaire sémiologique. 58

    B-Penser avec son corps, en rythme avec le monde 61

        L'essence surgissant du corps (p.61), L'intervalle, la pensée, le langage (p.61), Le jeu, la pensée, le langage (p.63), Madeleine et le rythme (p.64).

    C-Le rythme de la psychothérapie et le travail dans le style 65

        Le « sens » des gestes (p.66), L'entrelacs de l'implicite et de l'explicite (p.66), Rythme et psychothérapie (p.67).

    D- Hypothèse anthropologique 68

CONCLUSION 71

INTRODUCTION

Au cours de nos rencontres avec des patients en psychiatrie, l'étonnement s'est trouvé souvent lié à la constatation d'une « matérialité » de la parole. Un jeune homme, schizophrène, nous a expliqué, par exemple, que le travail psychothérapeutique était pour lui la « culture » d'un champ de plantes, qu'il récoltait pour les « manger ». Ce témoignage a des résonances poétiques que le jeune homme ne semblait pas viser, il était bien en train de rendre compte le plus prosaïquement et le plus précisément possible de son rapport au langage. Comment est-il possible de sentir, à ce point, les paroles s'incorporer en soi ? Comment est-il possible de témoigner d'un « poids », d'une « extension spatiale » des mots ? De telles interrogations nous ont poussés à vouloir étudier les rapports du corps et du langage. En arrière-fond, nous pressentons que l'étonnement qui nous meut tient à une opposition plus large, difficile à dépasser, celle du « matériel » et de « l'immatériel », qui, sous l'influence de pré-supposés cartésiens, termine sa course dans les notions de corps et de langage.

Partant de ces notions et de leurs entrelacs, l'occasion nous est donnée d'éprouver ce que « cheminer » peut vouloir dire. Après un premier temps consacré à la mise en perspective des mots, nous nous « perdons » « hors » du champ de la psychiatrie dans la deuxième partie de ce travail. Peut-être qu'alors nous pouvons espérer entrevoir le corps et le langage, à partir des marges de ce champ.

« Se perdre » ne signifie alors pas seulement être menacé d'une errance insignifiante. Nous pouvons peut-être même considérer qu'il s'agit en fait de la métaphore anthropologique d'un « mouvement vivant » permettant de remonter l'etymologie de la « méthode » jusqu'à sa source : avant de désigner, normativement, le chemin « à suivre », *methodos*, en grec, signifie proprement « cheminement, poursuite » sans que le tracé de la promenade ne soit préalablement défini, ce qui annonce d'emblée un rafraîchissement des principes théoriques légués par un cursus médical.

Enfin, parce que notre pratique quotidienne est d'abord celle de la clinique psychiatrique, nous y sommes ramenés, par une force de « rappel élastique », dans le troisième temps de notre mémoire.

PARTIE I

A-Quel corps ?

Chaque terme est prégnant de sens multiples contribuant à fonder, pour chaque psychiatre, ce que Georges Lanteri-Laura nomme une « *théorie de la pratique* » [1]: notre pratique repose sur un savoir-faire progressivement sédimenté, s'abreuvant à diverses sources théoriques, héritées de l'histoire de la psychiatrie et plus largement de l'histoire de la pensée, dont certaines peuvent rester à un niveau implicite.

Il s'agira donc pour nous, dans un premier temps, de tenter de ne pas ignorer ces pré-déterminations implicites qui sous-tendent notre conception du corps et du langage, afin de parvenir à cerner plus clairement notre champ et notre méthode de travail.

Âme et corps : une tradition de pensée.

Le mot « corps » lui-même témoigne d'un chemin de pensée ancré dans la tradition occidentale. Etymologiquement, le *corpus* en latin s'oppose d'emblée à l'*anima* (d'origine indo-européenne, signifiant « souffle, air ») ; il désigne soit l'organisme vivant considéré dans son aspect matériel, soit le cadavre. Ces significations perdurent, ainsi que l'emploi dans des contextes conférant au corps la notion d'unité (corps de métier, corps de bâtiment, faire corps avec...). Ainsi, ce mot désigne une unité matérielle opposée à l'âme. Pierre Fédida souligne que *« la distinction entre le soma et la psyché, et le jeu d'oppositions complémentaires que sous-tendent et engagent ces notions participent d'une prise de conscience dont l'histoire s'identifie, pour une large part, à la tradition de l'idéalisme occidental »*[2] et dont les jalons ont été posés par les pensées platonicienne et aristotélicienne. A Platon, il revient d'avoir fondé un dualisme de l'opposition de l'âme et du corps, tandis qu'Aristote fut le premier à penser une unité *psycho-somatique* en laquelle l'âme est la forme générale du corps organisé, et le corps une manifestation de l'Idée. C'est cependant Descartes qui, considérant « *l'ordre de la pensée* » et « *l'ordre de l'étendue* » comme hétérogènes, institua solidement cette séparation de l'âme et du corps dans le « *cogito* » occidental, garantissant dès lors ce qui devint une tradition de pensée, qui imprègne notamment la science médicale.

---

[1] G. LANTERI-LAURA, « Principales théories dans la psychiatrie contemporaine », *Encyclopédie médico-chirurgicale (Psychiatrie)* 37006 A10, 10, 1981.
[2] P. FEDIDA, « Soma et psyché », article « Corps », *Encyclopedia Universalis*, volume 6, 1990, p. 610-611.

Le corps de la médecine.

Le corps rencontré en psychiatrie peut, sous un certain regard, se fondre dans l'objet de savoir de la médecine somatique, et ce d'autant plus facilement que le cursus précédant notre spécialisation nous y a éduqué. Posant son « objet de savoir », cette connaissance s'engage dans une démarche positive, où le dualisme que nous avons évoqué se fige. La réification n'est pas, en effet, immanente au dualisme âme-corps platonicien, mais liée à la méthode de connaissance scientifique : « *Définir soma et psyché et en établir les rapports dépend [...] de la situation et de la forme de la question qui concerne le corps* »[3]. On trouve, à toutes les échelles où la médecine étudie le corps, la trace du modèle paradigmatique de la connaissance par le regard de l'anatomiste qui dissèque une chose morte de la nature, objet bien distinct de l'observateur. Ce modèle est projeté du plan macroscopique au plan microscopique et du corps mort au corps vivant, qui fonctionne dès lors selon des lois mécaniques dans un espace physique-géométrique des corps euclidiens, ce qui permet de penser des relations de causalité entre les éléments de l'ensemble. Merleau-Ponty nous montre que ce type de raisonnement, qui préside aussi à l'élaboration des sciences physiques, est la manifestation de l'enracinement des scientifiques dans une pré-science non questionnée: « *Le champ microphysique est tenu pour un champ macroscopique de très petites dimensions, où les phénomènes d'horizon, les propriétés sans porteur, les êtres collectifs ou sans localisation absolue, ne sont en droit que des « apparences subjectives » que la vision de quelque géant [ramènerait à] l'interaction d'individus physiques absolus. C'est pourtant postuler que les conditions d'échelle ne sont pas ultimes, c'est de nouveau les penser dans la perspective de l'en-soi, au moment même où il nous est suggéré d'y renoncer.* »[4]

Une telle conception, abstraite et réduite, du corps vivant appelle nécessairement la « clause complémentaire » de l'existence que la psychologie vient remplir avec la psyché, qui constitue alors le sujet positif venant s'adosser et compléter le corps de la médecine. Ainsi que l'écrit Merleau-Ponty, « *l'attitude réflexive purifie simultanément la notion commune du corps et celle de l'âme en définissant le corps comme une somme de parties sans intérieur et l'âme comme un être tout présent à lui-même sans distance. Ces définitions corrélatives établissent la clarté en nous et hors de nous : transparence d'un objet sans replis, transparence d'un sujet qui n'est rien que ce qu'il pense être [...]. L'objet est objet de part en part et la conscience conscience de part en part. Il y a deux sens et deux sens*

---

[3]   *Idem*, p 610.
[4]   M. MERLEAU-PONTY, *Le visible et l'invisible*, 1964 ; Gallimard « tel », 2003, p 33. Cet ouvrage sera noté par la suite « VI ».

seulement du mot exister: on existe comme chose ou on existe comme conscience. »[5] Ainsi, soma et psyché sont, dans la tradition de pensée cartésienne, deux entités totalement exclusives l'une de l'autre qu'aucun « trait d'union » psycho-somatique ne pourra joindre sans préalablement repenser, sur de toutes autres bases, les conditions de leur rapport.

Il ne s'agit pas de faire « table rase » de la pensée objective, ou de dévaloriser son pouvoir d'avancée technique et thérapeutique, mais plutôt de garder à l'esprit que cette méthode n'est pas un *« moyen d'explication totale »*[6]. En particulier, en ce qui concerne l'expérience psychiatrique, on ne peut ignorer qu'elle se fait lors de rencontres, dont la « texture » importe, situées en des lieux et moments en marge de la vie courante. Nous ne devons donc pas nous contenter de regarder le corps à travers l'œil du microscope, il s'agit aussi de considérer la situation particulière du corps en psychiatrie, la relation intersubjective, le temps et l'espace dans lesquels il est situé.

Le corps de la psychanalyse freudienne.

Notre projet n'est pas d'étudier exhaustivement le champ psychanalytique mais plutôt de saisir ce qui, tout en restant tributaire de certains aspects du questionnement scientifique, s'esquisse dans le *corps érogène* comme l'ouverture d'un « écart » entre le corps réifié et le psychisme absolu de la connaissance positive.[7]

Le corps érogène, découvert par le neurologue qu'était Freud, émerge comme un corps scandaleusement hétérogène au corps de l'anatomie médicale et étonament homogène au champ du langage: ainsi, lors de la cure psychanalytique d'une patiente, l'idée que « ça ne peut plus marcher ainsi » se « traduit » dans une paralysie des jambes, et Freud de préciser : *« elle prend les organes dans le sens vulgaire, populaire, du nom qu'ils portent : la jambe est la jambe jusqu'à l'insertion de la hanche, le bras est l'extrémité supérieure, comme elle se dessine sous le vêtement. »*[8] Observant que ses patientes manifestent du plaisir et du déplaisir, Freud considère ce corps inconscient comme étant concerné par la libido, ce qui justifie l'adjectif « érogène ». Ce corps s'avère « plastique », homogène à l'énoncé d'un désir dont la réalisation serait interdite (refoulé), désir présentifié dans des manifestations

---

[5] M. MERLEAU-PONTY, *Phénoménologie de la perception*,1945 ; Gallimard « tel », 2003, p 231.Cet ouvrage sera noté par la suite « PP ».
[6] VI, p.43.
[7] Les arguments développés dans le paragraphe suivant s'inspirent largement de : M. DAVID-MENARD, « Le corps et la psychanalyse », article « Corps », in *Encyclopedia Universalis*, 1990, p 612-614.
[8] S. FREUD, « Quelques considérations pour une étude comparative des paralysies motrices organiques et hystériques », in *Gesammelte Werke*, t.I, S.Fischer Verlag, 1972 ; cité par M. DAVID-MENARD, *Idem*.

corporelles. En 1915, le concept de pulsion vient redéfinir cette plasticité du corps érogène, se décomposant en une poussée, un but, un objet, une source ; autant de termes témoignant d'une conception énergétique (issue de la thermodynamique) du corps. Dès lors, le corps se trouve tramé par un « appareil psychique inconscient », hypothèse permettant à Freud de rendre compte de l'écart, qui se dévoile sous ses yeux, entre le corps de la neurologie et la psyché toute consciente. Cependant, il continue de penser son hypothèse dans un modèle dit « topique » et « économique » représenté dans un espace euclidien et perpétue la distinction soma-psyché alors même que *« la découverte du corps érogène conteste plutôt la pertinence de cette opposition. »*[9] Nous pouvons considérer avec Henri Maldiney que cette « pesanteur » topique témoigne du fait que Freud s'attache à penser à un niveau très concret, ici et maintenant, à partir de son expérience clinique quotidienne, sans s'isoler dans un monde de réflexion idéale. Et en effet, *« la psychanalyse n'est pas une poétique du dialogue ; il importe de conserver en elle ce prosaïsme intrépide qui expose parfois Freud à réifier l'inconscient. »*[10]

Ce corps érogène apparaît pensé du cœur de la relation du psychanalyste à son patient, ainsi l'intersubjectivité, que nous appelions plus haut à revenir dans notre appréhension du corps en psychiatrie est bien ici engagée. Notons que cette intersubjectivité est d'emblée sexuée, marquée par une différenciation entre homme et femme, que nous ne retrouverons pas dans l'intersubjectivité phénoménologique husserlienne. Cette différenciation pourrait sembler être la trace du « plan » existentiel, historique, empirique, où l'on place habituellement le « sujet psychologique » (par opposition à un « plan » transcendantal, constituant). Gardons-nous cependant de cette conclusion, car il n'est pas certain que la masculinité et la féminité en psychanalyse soient des réalisations du sujet empirique (la sexualité empirique réalisée ne résume pas la question de l'identité sexuelle).

Jacques Lacan renouvelle la notion d'inconscient freudien, notamment quand il déploie le psychisme dans un espace topologique, comme l'indique l'usage qu'il fait de la *«bande de Möbius»*.[11] Pour construire cette bande, il suffit de suturer les bords d'un « polygone fondamental », en les ramenant dans une même direction, c'est-à-dire en effectuant une torsion.[12] Intuitivement, tout se passe comme si cette bande présentait deux faces. Pourtant,

---

[9] Le terme de « conversion » décrit *« le passage dans le corps d'un affect qui ne reste pas dans le domaine psychique. Cette formulation présuppose un affect qui est en droit psychique et qui passerait secondairement dans l'ordre somatique. »*, M. DAVID-MÉNARD, *Ibid.*
[10] H. MALDINEY, « Comprendre », 1961, in *Regard Parole Espace*, Ed. L'Age d'Homme, 1994, p 33.
[11] J. LACAN, *L'identification*, séminaire inédit du 16 mai 1962.
[12] J. DOR, *Introduction à la lecture de Lacan, tome II : La structure du sujet,* Ed. Denoël/L'espace analytique, 1992, pp 123-138.

il s'agit bien d'une surface à une seule face (unilatère) et à un seul bord : à partir de n'importe quel point, on parcourt la surface toute entière sans franchir aucun bord. La bande de Möbius peut alors être utilisée comme support métaphorique pour rendre compte de certaines manifestations typiques du fonctionnement psychique (comme l'ambivalence, par exemple). Cette conceptualisation d'un passage réciproque de l'intérieur vers l'extérieur, et de l'extérieur vers l'intérieur, semble indiquer la voie d'un effort qui vise à s'affranchir des catégories distinguées et séparées par la pensée cartésienne (et résonne avec la notion d'« *expression* » développée par Merleau-Ponty) .[13]

Le corps en phénoménologie.

Nous avons mis en évidence, dans la pensée médicale, un corps représenté comme un objet total dans un espace euclidien, appelant nécessairement un sujet total de la psychologie. Ensuite, avec Freud, nous avons découvert la présentification d'un corps, autre que chose, non conscient, prenant sens dans le cours diachronique d'une existence humaine (dans un temps empirique) et encore représenté, sur le plan théorique, dans un espace euclidien.

Nous pouvons désormais nous rendre compte qu'en raison de l'importance des présupposés théoriques qui sous-tendent chaque acceptation du mot « corps », il est périlleux d'établir des ponts entre les champs sans avoir préalablement pris en compte ces présupposés. Sans doute est-ce le sens de la critique faite par Erwin Straus à la psychologie du mouvement, dont il montre que, s'établissant sur les présupposés de la physiologie, elle restreint d'emblée son propre champ, se condamnant à voir le mouvement spontané à travers le filtre des connaissances établies sur l'arc réflexe.[14] Comment, dès lors, approcher autrement le corps ?

Il semble que le premier bénéfice de la méthode phénoménologique, qui vise à mettre entre parenthèses les présupposés théoriques, soit de **susciter les conditions** propres à refonder la notion même de « corps ». Selon Merleau-Ponty, si « *[...] le cartésianisme [...] a inspiré une science du corps humain qui le décompose [...] en un entrelacement de processus objectifs et, avec la notion de sensation, prolonge cette analyse jusqu'au « psychisme »*, et bien *« ces deux idéalisations sont solidaires et doivent être défaites ensemble. Ce n'est qu'en revenant à la foi perceptive pour rectifier l'analyse cartésienne qu'on fera cesser la situation de crise où se trouve notre savoir lorsqu'il croit se fonder sur une philosophie que*

---

[13] Voir plus loin : p. 19.
[14] E. STRAUS, *Du sens des sens*, 1935, Ed. Jérôme Millon, collection Krisis, 2000.

ses propres démarches font éclater. »[15] Pour Marc Richir[16], la phénoménologie, quand elle aborde le « problème » de l'âme et du corps, se confronte à une obscurité manquée par les autres directions de pensée qui souffrent toutes de vouloir expliquer le problème par des relations de cause à effet : la pensée scientifique en partant du corps cartésien ; la psychanalyse en partant de la psyché ; les sciences cognitives tentant d'établir une correspondance entre âme et corps cartésien. Si nous suivons Marc Richir, nous comprenons que le champ phénoménologique n'admet pas en lui de relation de causalité, pas plus que d'entité définie comme un « corps » ou une « âme », si bien que ce « problème » se définit désormais en d'autres termes : comme l'individuation de l'*ipse* en mon *ipse* (en ayant recours à un vocabulaire d'inspiration heideggerienne). Marc Richir avance par ailleurs l'idée que l'institution symbolique (de laquelle procède la distinction de l'âme et du corps) est irréductible au champ phénoménologique, et qu'il nous faut donc nous situer sur « *l'autre bord* », dans le champ réel de notre expérience, pour remonter le cours de l'*ipséité* jusqu'à sa source.

Une **nouvelle façon de connaître** le corps, qui consiste à **se placer au cœur de l'expérience**, émerge donc avec la méthode phénoménologique. En effet, « *qu'il s'agisse du corps d'autrui ou de mon propre corps, je n'ai pas d'autre moyen de connaître le corps humain que de le vivre, c'est-à-dire de reprendre à mon compte le drame qui le traverse et de me confondre avec lui.* »[17] Nous comprenons l'expérience comme l'épreuve vivante. Adopter une méthode phénoménologique consistera donc à nous placer dans le cours de ce vécu pour mettre en lumière le mode d'apparition de ce cours.

Mais pour le moment, en considérant le contexte dans lequel le corps est apparu dans la pensée phénoménologique, nous visons à ne pas rester aveugle au sol historique qui, plus tard, sédimenté, ne cessera pourtant pas de soutenir toute réflexion phénoménologique sur le corps.

Husserl et le corps vivant.

Husserl est amené à introduire la question du corps au cours de la seconde période de son itinéraire philosophique, période s'étendant de 1905 à 1929, au cours de laquelle la

---

[15] VI, p 45.
[16] M. RICHIR, « Le problème de l'incarnation en phénoménologie », in *L'âme et le corps, philosophie et psychiatrie*, Plon, pp 163-184.
[17] PP, p.231.

phénoménologie se constitue en science transcendantale.[18] Le problème auquel il se trouve alors confronté est celui de la constitution d'autrui : comment rendre compte de la subjectivité d'autrui au sein de la réduction transcendantale, qui dégage ma conscience comme unique sphère de certitude ?

Pour répondre à cette question, Husserl va penser la nécessité de la médiation par le corps vivant (*Leib*).[19] Ainsi, la reconnaissance d'autrui comme autre « centre » de connaissance que moi ne peut être, au sein de la réduction transcendantale, que médiate, et cette médiation passe par le corps vivant, selon une modalité nommée « *apprésentation* ». Il n'y a pas un raisonnement analogique qui se fonderait d'abord sur la perception d'un corps inanimé (*Körper*), secondairement éveillé à la vie par voie réflexive. Le corps vivant d'autrui est immédiatement donné comme similaire à mon propre corps vivant, dans une saisie analogique d'ordre perceptif, permise par l'«*Einfühlung* » (l'« empathie »). De manière médiate dans une perception immédiate, le transfert analogique du sens « ego » se produit entre mon corps vivant et le corps vivant d'autrui : la conscience d'autrui m'est apprésentée (présentée « en négatif », « en absence ») au sein de son corps vivant présenté. Enfin, cette apprésentation de la conscience d'autrui se confirme dans le temps par la perception de la gestuelle concordante du corps d'autrui (ce qui le distinguera d'un corps de statue, par exemple).

De cette analyse, nous retiendrons que la question du corps est apparue **indissociable de la question de l'intersubjectivité**. Par ailleurs nous relevons la mise en lumière d'une **ambiguïté** intrinsèque au corps, s'exprimant dans la distinction entre le *Leib* et le *Körper*, avec un *Leib* (corps vivant) donné comme évident dans la perception. Alors que Husserl a fait débuter sa réflexion du « plan » de la genèse transcendantale de la conscience constituante, il apparaît que cette évidence antéprédicative du corps vivant échappe au pouvoir de constitution de la conscience. Elle est de l'ordre des « **synthèses passives** », ensemble de genèses non actives, par lesquelles le sujet transcendantal est toujours déjà en présence d'un champ d'objet pour ses actes intentionnels, champ qui comprend notamment les significations passées sédimentées.

---

[18] Les éléments développés dans ce paragraphe sont inspirés de l'ouvrage de F.DASTUR, *Husserl Des mathématiques à l'histoire*, PUF, 1995, p. 90-100.
[19] Rappelons que la langue allemande distingue le corps vivant (*Leib*) du corps pris dans son aspect physique, matériel (*Körper*).

La phénoménologie du corps : dans le sensible, une ambiguïté irréductible.

Avec la « *Phénoménologie de la perception* », écrite en 1945, Merleau-Ponty se place dans la perspective de ce moment de la philosophie husserlienne qui a ménagé une « faille » dans l'activité totale de la conscience constituante, en frayant un chemin aux synthèses passives.

Merleau-Ponty, fidèle à Husserl, considère l'acte perceptif comme le lien de la conscience et du monde, autrement dit du sujet et de l'objet. Le sensible est l'épaisseur du vécu auquel la méthode phénoménologique nous invite à revenir. Cet acte perceptif apparaît comme prenant fond sur une « passivité », comme le montre de façon paradigmatique l'expérience de la main « touchée-touchante », déjà étudiée par Husserl. Quand ma main droite touche ma main gauche, alors ma main droite est à la fois activité touchante et passivité touchée dans le creux de sa paume. Le passage de l'une à l'autre de ces sensations est possible par un déplacement de l'attention.[20] Cette propension de notre corps à nous donner des sensations doubles (cette *réversibilité*) témoigne du fait que si notre corps est passif, il n'est cependant pas seulement objet à la façon des objets du monde ; et que s'il est actif, il n'est cependant pas pure subjectivité positive. Cette opposition dialectique révélée dans une perception simple inaugure une série d'oppositions dans l'expérience du corps.

Le modèle husserlien de la perception de la chose par esquisses est repensé par Merleau-Ponty à partir du corps : permettant de faire le tour de l'objet, le corps est ce qui me donne les objets. Par ailleurs, je perçois mon propre corps selon un angle de vue permanent. Cette « permanence de mon côté » me donne la possibilité des situations de fait, fonde ma « facticité ». Le corps est donc **constituant et constitué.**

En s'appuyant sur l'exemple du « membre fantôme » décrit en médecine, on peut distinguer un corps « habituel » et un corps « actuel »: après amputation, le fait de continuer à éprouver la présence du membre amputé, montre qu'à travers l'expérience du corps actuel, un ensemble virtuel de possibilités rayonne, prenant source dans l'usage habituel, sédimenté du corps. Pour une personne amputée, les objets n'en continuent pas moins d'être « à portée de main », dans un lien habituel, pré-réflexif avec le corps. Cette façon qu'a le corps d'être « ourlé » d'habitudes, de vivre le présent sur le type d'une expérience ancienne, nous permet de saisir ce que visent les paroles de Merleau-Ponty quand il écrit que le corps *«sécrète du temps, ou plutôt il devient ce lieu de la nature où, pour la première fois, les évènements, au lieu de se pousser l'un l'autre dans l'être, projettent autour du présent un*

---

[20] Le corps « *ébauche ainsi, comme le soulignait bien Husserl, « une sorte de réflexion » ou, en employant un langage heideggerien non utilisé ici par Merleau-Ponty, le mouvement d'une auto-affection et se révèle ainsi être un soi, une ipséité.* », F. DASTUR, « Le fondement corporel de la subjectivité », in *Chair et langage, essais sur Merleau-Ponty*, Ed. Encre marine, 2001, p.35

double horizon de passé et d'avenir et reçoivent une orientation historique », finalement le corps «*fait le temps au lieu de le subir* ».[21]

Un autre exemple étudié par Merleau-Ponty est celui de la préhension chez des patients atteints de cécité corticale. Chez eux, la préhension d'un objet concret (par exemple : prendre ce crayon sur la table) est respectée alors qu'est perdue la préhension ne renvoyant à aucun acte concret (par exemple : se toucher, sur ordre, le sourcil). De la même façon qu'on a dit que le corps sécrétait du temps, on pourrait dire là que le corps sécrète de l'abstraction. Le corps, à travers ces deux derniers exemples, apparaît à la fois **tangible et non tangible (abstrait).**

La distinction entre *Leib* et *Körper* est reprise par Arthur Tatossian[22], qui, grossissant le trait de ce qu'il interprète comme un corps « sujet » et un corps « objet », nous indique qu'aux deux extrémités de cette alternative se trouverait un corps animal (entièrement identifié à sa subjectivité) et un corps robot humanoïde (entièrement outil). Ainsi, il faut bien plutôt parler d'un **équilibre continûment en jeu dans la vie quotidienne** entre ces deux pôles, sur lesquels nous ne nous figeons pas en raison de notre «*positionnalité excentrique* ».[23] Il évoque une autre opposition dialectique proposée par Zutt, entre « *corps-en-apparition* » et «*corps-porteur* ».[24] Le premier est un corps s'extériorisant en relations mondaines, le deuxième est un corps support et lest, qu'on pourrait qualifier de socle.

La liste d'alternatives s'allonge, renvoyant aux dialectiques objet/sujet, passivité/activité, nature/histoire, fait/essence. Ce qui compte ici, pour nous, c'est d'éprouver la confirmation d'une ambiguïté indépassable du corps vécu. Mais rester dans la plénitude de l'ambiguïté de l'expérience ne signifie pas renoncer à penser l'expérience. Il s'agit plutôt de trouver une autre forme de réflexion que celle de la pensée causaliste. Françoise Dastur souligne, en particulier, l'usage que fait Merleau-Ponty du **rapport de fondation réciproque,** qui est à entendre au sens de ce que la phénoménologie husserlienne nomme « *Fundierung* », rapport réciproque de fondant à fondé. Il en est ainsi du fait et de la raison, du temps et de l'éternité, de la nature et de l'histoire.[25] La « *Fundierung unit dans la réversibilité la fondation archéologique et la fondation téléologique, mais elle donne un privilège à la*

---

[21] PP, p 277.
[22] A. TATOSSIAN, *La phénoménologie des psychoses*, Collection Phéno, Le cercle herméneutique, 2002, p. 69.
[23] H. PLESSNER, "Die Frage nach der Conditio humana" , 1961, pp 7-81, in *Die Frage nach der Conditio humana*, Suhrkamp, 1976, Francfort-sur-le-Main.
[24] J. ZUTT, « Uber verstehende Anthropologie. Versuch einer anthropologischen Grundlegung der psychiatrisher Erfahrung", in H. W. GRUHLE, *Psychiatrie der Gegenwart*, Springer, Berlin, 1963, pp 763-852.
[25] PP, p. 147 et 451.

*fondation téléologique : ce n'est que par défaut ou défection que la nature fonde l'histoire ou la liberté ».*²⁶Ainsi, « *une telle pensée de la « fondation » est le congé donné à l'univocité du concept moderne de causalité et au dualisme des « substances » et l'installation « définitive » dans **l'équivoque indépassable** du « double sens » de toute existence et dans son double mouvement de systole et de diastole, d'expansion en monde et de contraction en chose. »* ²⁷

Souhaitant dépasser l'opposition exclusive des deux sens du terme « exister », Merleau-Ponty pense l'existence comme « *le troisième terme entre le physiologique et le psychique, entre le pour soi et l'en soi* »²⁸, l'existence suit un « *va-et-vient* » et « *tantôt se laisse à être corporelle, tantôt se porte aux actes personnels* ».²⁹ L'existence est le mouvement unique dont la conscience et le corps sont les deux « pôles » ou les deux « moments ». La sexualité a été étudiée par Merleau-Ponty, dans son ouvrage de 1945, comme l'une des « fonctions » du corps (avec la vision et la motricité) qui témoigne pleinement du principe d'existence unitaire, oscillant entre le psychique et le physique. En effet, avec la sexualité, on a un mode original de conscience qui passe directement par les corps sans aller jusqu'à la clarté de l'idée.³⁰ Ainsi, il précise qu'« *on aurait tort de croire que la psychanalyse exclut la description des motifs psychologiques et s'oppose à la méthode phénoménologique : elle a au contraire (sans le savoir) contribué à la développer en affirmant, selon le mot de Freud, que tout acte humain « a un sens ». »*³¹

Jusqu'ici nous n'avons pas évoqué le terme de « *chair* » qui apparaît dans l'œuvre tardive de Merleau-Ponty.³² Cette notion naît d'un tournant dit « ontologique », au cours duquel Merleau-ponty radicalise, plus encore, son effort critique envers les oppositions de la pensée réflexive. Il se rend compte, en effet, que le champ transcendantal, qu'il pense en 1945, est *« en dernier ressort, comme suspendu à l'acte d'un sujet, d'une « existence », d'une liberté : à travers la relation de l'esprit et de la nature (fond inhumain sur lequel l'homme s'installe ou structure « figée » de l'existence), c'est la relation sujet-objet qui, subtilement, se perpétue. »*³³

Gardons à l'esprit les visées des démarches évoquées jusqu'ici. Pour Freud, la psychanalyse doit avant tout servir l'intérêt d'un individu empirique particulier, qu'il s'agisse de

---

26 P. DUPOND, *Le vocabulaire de Merleau-Ponty*, Ellipses, 2001, p.28.
27 F. DASTUR, *Ibid*, p.46.
28 PP, p 142 (note 1).
29 PP, p 104.
30 PP, p 183.
31 PP, p. 184.
32 Le corps, dans cette œuvre, deviendra « *la Visibilité tantôt errante, tantôt rassemblée* », VI, p. 179.
33 P. DUPOND, *op. cit.*, p.6.

comprendre et de soulager d'un symptôme entravant sa vie quotidienne. Au-delà, la psychanalyse a également une visée métapsychologique, que nous n'avons pas considérée ici. La philosophie phénoménologique a pour visée la connaissance de la conscience ou de l'être en général. Le plan de réflexion est existentiel, transcendantal ou ontologique. Qu'est-ce que la philosophie peut apporter à la pratique empirique de la psychiatrie ? Comment ces deux champs se rejoignent-ils ?

Les sens du mot « sens ».

Le mot « sens » renvoie à trois contextes de signification : **ce qui donne la sensation, la direction, la signification**. Dans une perspective phénoménologique, ces trois acceptions semblent intriquées.

La phénoménologie du corps vivant a introduit un type de signification qui correspond à « l'ouverture » d'un accès au monde et à autrui (*apprésentation*), sans passage par la représentation ou la fonction catégoriale ; donné dans un « je peux » du corps, non dans un « je pense » réflexif. Ce type de signification peut émerger au cœur de la réduction transcendantale proposée par Husserl : en suspendant la thèse de réalité du monde, nous dévoilons les processus qui nous relient au monde. C'est en maintenant entre parenthèses notre familiarité avec le monde, qu'il peut nous être donné d'observer les fils intentionnels qui nous relient au monde, ainsi que, paradoxalement, notre dépendance à cette familiarité. Selon Merleau-Ponty, « *le plus grand enseignement de la réduction est l'impossibilité d'une réduction complète* » et « *la réflexion radicale est conscience de sa propre dépendance à une vie irréfléchie.* »[34] Ainsi, à des processus « actifs » par lesquels la conscience vise son objet (processus thématiques, intentionnalité), s'opposent des processus « passifs », de l'ordre des significations qui « vont de soi » (processus pré-thématiques). Ces « synthèses passives » reposent sur le corps vivant. Elles fondent un sens, donné à une conscience qui est « *l'être à la chose par l'intermédiaire du corps* »[35].

Dans une réflexion phénoménologique sur l'expérience psychanalytique, qui l'amène à étudier comparativement la compréhension et la perception[36], Henri Maldiney souligne que le *prendre* est la racine gestuelle et linguistique commune de ces deux termes. Le *prendre à...* est de l'ordre d'une signification globale, originaire, s'étendant à tout l'organisme en prise sur son entourage ; il s'agit d'un *existential*, au même titre que la temporalité, c'est à

---

[34] PP, p. VIII.
[35] PP, p. 161.
[36] H.MALDINEY, « Comprendre », 1961, in *Regard Parole Espace*, Ed. L'Age d'Homme, 1994, pp 27-86.

dire une « *sorte d'hypothèque anthropologique* » invariable[37] (Maldiney note que cet *existential* se manifeste plus visiblement chez l'enfant que chez l'adulte, devenu inhibé dans le registre des mouvements concrets de saisie). Ce sens, qui est en-deçà du sens catégorial de l'intellect ou de la fonction symbolique, nous fait **situés**. Finalement, ce « sens » comprend une « situation » dans le monde (une direction) et une « signification » d'ordre sensoriel.

En fait, plus que de sensorialité perceptive, il faut parler de **moment pathique**, tel qu'Erwin Straus l'oppose au *moment gnosique* de la représentation objective: « *le moment gnosique dégage seulement le Quoi du donné objectif, le moment pathique le Comment de l'être-donné* ».[38] Le moment pathique est **le sentir**. C'est un vécu commun à la perception et au mouvement, situé en-deçà de la connaissance objective. L'enfant décrit par Maldiney, qui saisit à pleines mains un poisson nageant dans un aquarium, témoigne de cette unité du *sentir* et du *se mouvoir* : la situation de percevant passif d'un objet donné « en face » se complète d'une mobilisation du monde à partir de soi. Le *sentir* est le moment « pré-thématique » de la perception, qui elle est « thématique ». Le *sentir* est en-deçà, finalement, de la tripartition thématique du « sens » en sensorialité/direction/signification.

Si l'on se place dans une perspective empirique (où l'on parle du « sens » d'un symptôme dans une histoire individuelle), la « signification » s'émancipe des deux autres acceptions du mot « sens ». Les deux registres, phénoménologique et psychanalytique, sont-ils conciliables ? On peut trouver dans l'œuvre de Gisela Pankow la tentative d'une telle conciliation.[39] Cette psychiatre est à l'origine d'une méthode de psychothérapie originale fondée sur la dialectique de deux « fonctions » du corps. Elle reconnaît dans le corps une fonction « d'être » qui semble renvoyer à la transcendance du corps vers le monde. Ce registre est nettement phénoménologique, elle y décrit la « fonction de forme » du corps. Elle donne l'exemple d'un homme déporté en camp de concentration qui explique avoir survécu en se plongeant dans le souvenir du pommier de son jardin. C'est en vertu de sa possibilité « d'être » que le corps propre avait pu, transitivement, se confondre avec le corps de l'arbre qui constitua son refuge. L'autre fonction, en articulation dialectique avec la première, est du registre de l'« avoir » un corps, associé à une fonction de « représentation ». Le corps est là le champ de l'histoire personnelle, dans un temps empirique.

---

[37] H. MALDINEY, *Idem*, p. 38.
[38] cité par A. TATOSSIAN, *op. cit.*, p.75.
[39] G. PANKOW, *L'homme et son espace vécu*, 1986, Ed. Aubier, 1993 ; *L'homme et sa psychose*, 1969, Flammarion, 1993.

Ce qui nous interpelle ici, c'est le recours au corps pour penser la dialectisation d'un champ dit « transcendantal » et d'un champ « empirique », d'un champ « pré-thématique » de la forme et d'un champ « thématique » de la vie fantasmatique. Il semble y avoir une voie de passage entre les concepts de la philosophie phénoménologique et ceux de la psychanalyse. Comment se fait-il alors qu'Arthur Tatossian parle de rapprochement seulement « asymptotique » entre ces deux champs lorsqu'il aborde la question de l'inconscient ?[40]

---

[40] A.TATOSSIAN, « Inconscient et phénoménologie », 1967, p 137-147, in *Psychiatrie phénoménologique*, Ed.ETIM, 1997, p 140.

B-Quel langage ?

Le langage de la linguistique.

Ferdinand de Saussure, dont l'œuvre marque le début de la linguistique générale (1916), avait pour projet de fonder une science, et chercha à dégager son « véritable et unique objet » de la masse des faits de langage. Cet objet est la langue, considérée comme un système autonome de signes, indépendamment de sa réalisation dans l'acte d'un sujet. Par opposition, la parole correspond à la réalisation observable du système linguistique. Ainsi, pour se définir, la linguistique commença par exclure le sujet de son champ de réflexion ; si bien que dans cette perspective on ne peut trouver qu'un « *témoin passif d'une structure objective existant indépendamment de lui (la langue) [...] ou un ouvrier utilisant un outil fourni par autre que lui (la parole).* »[41] Cependant, Arthur Tatossian montre que, malgré cette ambition d'objectivation du langage, Saussure lui-même a ménagé des ambiguïtés dans son œuvre, car la langue est malgré tout considérée comme « un fait social » et une réalité « psychologique ».[42]

Les deux temps de la phénoménologie du langage.

La phénoménologie du langage semble permettre une intégration et un dépassement de la perspective linguistique saussurienne : elle cherche à mettre en évidences des « idéalités » mais, s'intéressant au plan de l'expérience, elle ne peut se résoudre à éliminer d'emblée le vécu du sujet parlant. La phénoménologie vise à questionner les catégories « sujet » et « objet », en s'interrogeant sur leur lien, au cœur de l'expérience.

Ces deux moments (intégration et dépassement) se retrouvent dans deux temps historiques de la phénoménologie du langage : après l'étude du langage comme « idéalité » dans les « *Recherches logiques* » de Husserl[43], la constitution subjective de la parole sera pensée dans le *monde-du-vivre* (*Lebenswelt*) de la fin de l'œuvre husserlienne et chez Merleau-Ponty.

Tout d'abord, Husserl aborde ce qui subsiste du langage indépendamment de ses réalisations, comme l'*eidos* de la chose après la variation eidétique. Cette idéalité se manifeste dans le fait que, sous la diversité de la parole, il existe une « identité » permettant

---

[41] A. TATOSSIAN, « Phénoménologie, linguistique et psychiatrie, à propos de l'article de Hans-Martin Gauger : « Conscience linguistique et linguistique ». », in *Confrontations psychiatriques* N°18-1981, p 252.
[42] *Idem*, p.235, A. TATOSSIAN reprend là des arguments développés par H-M Gauger.
[43] E. HUSSERL, *Recherches Logiques*, Tomes I, II, III, PUF, Paris, 1959, 1961, 1962 et 1963.

la partageabilité du sens. Ou encore dans le fait que le langage permet une prise de distance par rapport au monde vécu et à l'expérience. Enfin, Husserl pense à un a priori de tout langage, qui, dans certains de ses aspects, peut être comparé à la grammaire générative de Chomsky.[44] La description du langage en termes **d'objectivités idéales** est complétée par la description de sa constitution comme **acte de conscience noétique**. Cette phénoménologie peut trouver un terrain d'entente avec la linguistique saussurienne, en ce sens qu'il y est étudié une idéalité abstraite du langage. Mais cette idéalité ne reste que le corrélat du sujet parlant, elle habite la parole.

Le deuxième temps de la phénoménologie du langage considère sa réalisation subjective. De la question « qu'est-ce que la langue ? », nous passons à la question **« qu'est ce que parler ? ».** La prise en compte du *Lebenswelt* permet de re-situer le fait de langage comme parole dans un monde interpersonnel et irréfléchi, et d'envisager une voie de résolution du paradoxe suivant : tout ce qui peut être dit à propos du langage est encore dit dans le langage, c'est dans le langage que sa propre dépendance à ce qui le précède vient se dire. A priori, ce paradoxe *« semble entraîner une impossibilité[...] de donner une explication du langage si expliquer [...] veut dire le faire dépendre d'autre chose que de lui. Nous sommes toujours dans le langage et tout ce que nous pouvons faire c'est de l'élucider[...]. La phénoménologie du langage est précisemment, pour Ricoeur, une tentative pour résoudre ce paradoxe et, pour ce faire, elle y restaure la subjectivité [...] ».*[45] C'est dans cette perspective que Merleau-Ponty se place, quand il développe les notions de parole *parlante* et de parole *parlée* que nous étudierons plus loin.[46]

L'intérieur et l'extérieur, la notion d'« expression » chez Merleau-Ponty.

Précédemment, nous avons vu la psyché s'ériger « contre » le corps. Quelle place désormais accorder à la pensée vis à vis de la parole ? L'étymologie porte les traces du rapport intime qui unit le langage et la pensée. Le grec *logos*, qui signifie d'abord « compte », désigne aussi bien la « parole » que la « pensée ». Le latin *ratio*, signifiant lui aussi « compte », traduit le mot grec même dans son acceptation philosophique (raison) et exprime la « parole » dans le langage populaire de certaines provinces (en espagnol *razonar* veut dire « parler » par exemple). L'impression que le langage n'est qu'un outil pour une idée intelligible donnée antérieurement et hors des mots repose, selon Merleau-Ponty, sur

---
[44] N. CHOMSKY, *Aspects de la théorie syntaxique*, Seuil, 1971, 283 p.
[45] A. TATOSSIAN, "La subjectivité", in D. WIDLOCHER, *Traité de psychopathologie*, PUF, 1995, 255-318.
[46] Voir Partie II, B, paragraphe 2.

l'évanouissement des mots dans la parole, analogue à celui qui se produit lorsqu'un texte écrit nous fait oublier le matériau de la phrase (l'encre, le papier, le tracé des mots) au profit de l'évocation d'une signification. Ainsi, le langage accomplit la merveille de se faire oublier au profit de ce qu'il signifie.[47] Opposer pensée et parole revient finalement à se placer encore dans une perspective cartésienne en considérant la pensée comme intérieure (fut-elle un « langage » intérieur) et la parole comme l'extériorisation physique de la pensée, ce qui consiste à se placer « en dedans » et « en dehors » du cerveau organique. Cette bipartition intérieur/extérieur est caduque dans le registre de l'expérience de la parole et du corps vécus.

A cet égard, notons l'usage du concept d' « **expression** » chez Merleau-Ponty, concept décrivant le **passage réciproque d'un intérieur vers un extérieur et d'un extérieur vers un intérieur**, ou d'un **mouvement réciproque de sortir de soi et de rentrer en soi**. Autrement dit, il n'y a de sens qu'exprimé. Pour Merleau-Ponty, ce concept s'applique tout aussi bien à la parole qu'au corps (et à l'œuvre d'art), car cette signification incarnée n'est que la transmission au monde, par contiguïté ontologique, d'un **pouvoir qui réside dans le corps propre** : « *cette révélation d'un sens immanent ou naissant dans le corps vivant, elle s'étend [...] à tout le monde sensible, et notre regard, averti par l'expérience du corps propre, retrouvera dans tous les autres objets le miracle de l'expression.* »[48] Selon P. Dupond[49], le concept d'expression est l'un des meilleurs témoins du parcours qui conduit Merleau-Ponty à s'affranchir de la catégorie de la subjectivité, puisque dans ses derniers textes l'expression n'est plus comprise à partir de la catégorie de la signification, mais à partir de la *réversibilité* du voyant et du visible.

L'histoire de la phénoménologie du langage nous a appris qu'idéalité et réalité subjective ne sont pas contradictoires, à condition de les penser dans le registre où elles se rencontrent : le registre de l'expérience. « *L'idéal et tout ce qui appartient au domaine du signifié comme tel, l'a priori, etc. n'est pas de ce monde mais seulement de notre expérience du monde. Il n'apparaît donc qu'au niveau de l'expérience et ne relève d'autre preuve que phénoménologique* ».[50]

Nous avons vu le corps et le langage se rencontrer :

---

[47] PP, p. 459.
[48] PP, p. 230.
[49] P. DUPOND, *Le vocabulaire de Merleau-Ponty*, Ellipses, 2001, p.25
[50] *Idem*, p.248.

- dans les acceptions du mot « sens » qui nous ont imposé la distinction de différents « plans » de pensée, dont les relations restent encore inéclaircies malgré l'utilisation pratique que Gisela Pankow a fait de la dialectisation de ces plans.
- dans une caractéristique commune, la prise dans l'intersubjectivité.
- dans une structure ontologique commune: l'*expression*, qui nous paraît illustrer l'idée que *« nous avons avec notre corps et notre langage[...] des mesurants pour l'Etre »*.[51]

---

[51] VI, p. 138.

C-Le corps vécu et la parole : quels rapports ? Vers l'expérience esthétique comme paradigme de l'expérience psychothérapeutique.

Le geste de « pointer du doigt » chez l'enfant.

Chez l'enfant, on assiste communément à l'utilisation d'un geste typique, étudié par certains auteurs (Vigostsky, Werner et Kaplan, Bruner)[52] qui privilégient la référence sociale et interactionnelle du langage comme moyen de communication, plutôt que l'étude du langage en tant que représentation du monde perceptif (prévalente chez Piaget et Chomsky) ou qu'une étude référée à l'organisation d'une « dynamique psychique intérieure » (dans le sillage de Freud, Ferenczi, Klein, Bion, Anzieu)[53]. Ces auteurs considèrent comme un « savoir-faire » **précurseur du langage** ce qui survient vers 15 mois environ, chez l'enfant ne parlant pas encore, qui se met à pointer du doigt les objets du monde, en vocalisant et sollicitant l'attention de l'adulte à ses côtés.

Sans avoir de visée explicative, nous pouvons tenter de décrire ce qui survient dans cet acte. Un geste désigne un « là », qui est extérieur à l'enfant et qui est typiquement commenté par l'adulte parlant. Tout d'abord, sous ce geste nous voyons ressurgir cette structure « à double sens » d'*expression* : il y a, dans un même temps, sortie de soi par un geste vers le monde et entrée en soi d'une parcelle de monde (dont témoigne au moins l'intérêt pour l'objet sans préjuger s'il s'ensuit une représentation de l'objet ou l'idée de l'objet). Par ailleurs, il y a co-présence dans ce geste d'un monde non-thématisé et d'un monde qui s'ouvre à la thématisation. L'accent est mis, par l'intérêt de l'enfant, sur un « au-delà » de son propre corps, sur un objet à distance, vers lequel il y a appel à la thématisation. Cet accent n'est cependant dirigé que par la médiation de ce pointement du doigt qui en lui-même échappe à l'intérêt, qui a un caractère silencieux, automatique, non thématisé. Dans un même geste, se trouvent un « automatisme » corporel non-thématique et la tension vers une thématisation d'un « là ». Sous un autre angle, nous pouvons également noter qu'il y a, dans une gesticulation, entrelacement entre le concret et l'abstrait : un geste survient, qui ne sert pas une utilisation préhensive de l'objet, ouvrant peut-être au champ de l'idéalité.

---

[52] D. MARCELLI, *Enfance et psychopathologie*, Masson, 1982, p. 15.
[53] D. HOUZEL, « Genèse et psychopathologie du langage chez l'enfant, Introduction », in *Neuropsychiatrie de l'Enfance*, 1984, 32 (10-11), p. 480.

Que dire d'un enfant qui ne parle pas ?

L'enfant qui ne parle pas encore est un *être-au-monde* « antérieur » à la parole, ce qui nous place dans une perspective génétique. Pouvons-nous entendre cette genèse, non pas au sens d'une succession chronologique empirique, mais plutôt au sens d'une genèse située dans un « plan » transcendantal ? Nous devons être prudents dans la comparaison de l'ontogenèse du langage et de la genèse transcendantale, et veiller à ne pas assimiler l'une à l'autre trop rapidement puisque la première relève d'une psychologie développementale empirique. Par ailleurs, cette expérience de l'enfant « pré-langagier » ne peut être décrite que dans les mots d'un adulte étranger à l'expérience considérée. Les adultes ne se perdent-ils pas en hypothèses infondées ? L'enfant ne serait-il pas le seul à être autorisé à parler de son expérience vécue ? Un tel point de vue sous-entend que l'expérience des enfants ne parlant pas encore est éternellement vouée au mystère, irrémédiablement inaccessible. Cette expérience a cependant été la nôtre dans un passé inaccessible au souvenir. Quel statut accorder à ce type de passé ? Quel qu'il soit, notons qu'il partage avec la notion de processus passifs ou pré-thématiques, le fait d'être pour toujours inaccessible à l'effort actif de la conscience.

Nous pouvons considérer que la rencontre avec l'enfant invite l'adulte à une « réduction » de l'expérience à ce que Winnicott nomme « *l'aire de l'illusion* » ou « *l'espace potentiel* », aire phénoménale dont l'*objet transitionnel*, « *première possession non-moi* » du bébé, est le signe. Cet objet est incarné, par exemple, par un tissu investi d'une préférence (ou une peluche, un geste, une chanson…), manipulé au moment de s'endormir notamment, et auquel les parents doivent assurer une permanence dans le temps. Il est utilisé comme relevant à la fois du « *moi* » et du « *non-moi* », de la « *réalité intérieure* » et de la « *réalité externe*» (selon la terminologie de Winnicott), sans qu'il soit demandé à l'enfant de statuer sur l'objet en question : « *A l'égard de l'objet transitionnel, il existe une entente entre nous et l'enfant : on ne lui demandera jamais « as-tu eu l'idée de telle chose ou est-ce que cela t'est venu de l'extérieur ? ». Ce qui compte, c'est qu'on ne s'attend pas à ce que l'enfant prenne position ; la question ne doit même pas être formulée.* »[54].

L'objet transitionnel est progressivement « *relégué dans les limbes* », et « *les phénomènes transitionnels deviennent diffus[…],ils se répandent dans le domaine culturel tout entier* »[55] au cours de la maturation vers l'indépendance qui caractérise la sortie de l'enfance. L'aire transitionnelle est considérée par Winnicott comme se continuant d'abord dans le jeu

---

[54] WINNICOTT D. W., "Objets transitionnels et phénomènes transitionnels", 1951, in *De la pédiatrie à la psychanalyse*, Paris, Payot, 1969, pp 109-125.
[55] WINNICOTT D. W., *Jeu et réalité, L'espace potentiel*, Gallimard, 1975, p. 13.

enfantin puis, chez l'adulte, dans le domaine de la culture, entendue dans un sens très large, comme champ de créativité humaine : « *Il existe un développement direct qui va des phénomènes transitionnels au jeu, du jeu au jeu partagé et, de là aux expériences culturelles* »[56]. La communication avec les enfants est dès lors considérée comme **« le chevauchement » de deux aires de jeu,** celle de l'enfant et celle de l'adulte, qui forment un *espace potentiel.* Ainsi l'adulte pourrait accéder à une certaine expérience commune avec l'enfant, de la même façon, semble-t-il, que le psychiatre peut accéder à une certaine expérience de l'aliénation schizophrénique, au cœur de l'« *époché en miroir* » **provoquée par la rencontre** elle-même.[57]

La rencontre avec l'enfant « pré-langagier » nous ouvre donc un champ d'expérience dont nous ne sommes pas définitivement exclus. Et le geste déictique de l'enfant met l'accent, plus « visiblement » que chez l'adulte, mais non différemment, d'une part sur l'existence d'un « moment » silencieux et non-thématique lié à la parole, et d'autre part sur l'entrelacement d'un geste corporel et d'une abstraction.

L'expérience esthétique comme moyen d'accès au non-thématique.

L'indication de Winnicott à propos du « domaine culturel » montre, pour nous, la voie d'un autre type d'expérience, qui nous invite à une réduction phénoménologique, celui de l'expérience esthétique. Que nous arrive-t-il, en effet, lorsque, dans une atmosphère musicale, nous nous surprenons à bouger en rythme notre pied, notre main, sans l'avoir vraiment décidé ? Voilà notre corps animé d'un mouvement qui ne désigne rien, qui ne sert à rien, qui ne prend rien d'objectif (le corps semble plutôt « être pris »). Cette participation de notre corps à la musique est bien en-deçà d'un lien thématique avec le monde.

Dans les écrits de Maldiney, l'art de référence est la peinture, qui fournit l'occasion d'accéder au registre du *sentir.* La « couche » pré-objective du monde, qui existe dans toute l'expérience, se révèle là sans masque. L'œuvre picturale réalise donc un type de réduction, en mettant entre parenthèse notre savoir théorique et nos prédicats sur les choses. L'apparition de la montagne Sainte-Victoire dans un tableau de Cézanne est créée sans recours à un savoir analytique: peu importent les types et les proportions de minéraux et de végétaux tapissant sa surface, peu importent la hauteur et la largeur qu'elle mesure dans

---

[56] WINNICOTT D. W., *Idem,* p. 73.
[57] J. NAUDIN, S. SIRERE, O-P WIGGINS, M-A SCHWARTZ, J-M AZORIN, « L'usage de la réduction husserlienne comme méthode d'investigation dans l'expérience psychiatrique », in *Nervure,* Tome XIII, n° 5, 2000, p. 25-26.

l'espace euclidien, qui, rapportées à la distance de l'observateur définiraient ses dimensions « soi-disant » apparentes. Le peintre n'a que faire de ces connaissances pour reproduire le mouvement de l'apparition de la montagne, qui se donne, avant tout savoir analytique, comme une forme globale se faisant dans son regard. L'expérience esthétique fait donc plus qu'une anecdote ou un exemple pour la compréhension générale de l'expérience, elle est le lieu de la révélation de sa facette antéprédicative : «*Si l'art est le lieu privilégié du dévoilement des concepts que nous indiquons, c'est parce que le rapport esthétique [...] est la dimension même de la réceptivité dont l'espace et le temps, milieux de notre habiter, sont les organes. Le réel n'attend pas pour parler d'être objectivé selon la dimension du logique.[...] Et c'est à poursuivre cette présence en sa profondeur pour l'amener à la surface que la psychologie peut découvrir son fondement.* »[58]

Ainsi, il semble que nous puissions faire confiance à la parole de l'artiste puisqu'elle émane d'un individu, qui en son moment de création, se place dans ce registre pré-thématique de l'expérience. Plus encore, l'expérience esthétique ne nous fournit-elle pas l'occasion d'éprouver nous-mêmes l'existence de ce registre, en tant que spectateur de l'œuvre, comme quand nous battions, malgré nous, la mesure ?

Dans le registre de l'œuvre littéraire, Maurice Blanchot (1907-2003) nous montre que le livre ne parvient à sa présence d'œuvre que dans l'espace ouvert par la lecture. Le sens que le lecteur y voit ne provient pas d'un mouvement pur de compréhension, « *lire se situe au-delà ou en-deçà de la compréhension* ».[59] Il s'agit d'une « relance » du sens en nous, d'un « appel d'air » vers le sens. C'est sans doute ce qui nous fait éprouver cet émerveillement pour un écrivain, un inconnu qui nous parle de nous-mêmes, mieux que nous ne l'aurions jamais fait, comme si par une prémonition magique il avait écrit les mots s'ajustant idéalement à notre vie. C'est par une sorte de brèche que l'œuvre se remplit de la vie du monde et du temps empirique, « *et ce qui n'avait ni sens, ni vérité, ni valeur, mais ce en quoi tout semblait prendre sens, devient le langage qui dit des choses vraies, des choses fausses, qu'on lit pour s'instruire, pour mieux se connaître ou pour se cultiver.* »[60] Dans cet « en-deçà » de la compréhension, nous réempruntons la trace que l'écrivain a laissé, de son chemin dans le monde de l'expérience pré-thématique. Nous refaisons le chemin d'une genèse « *omnitemporelle* », d'une « *éternelle naissance* ». Maurice Blanchot écrit que

---

[58] H. MALDINEY, « Le dévoilement des concepts fondamentaux de la psychologie à travers la Daseinsanalyse de L. Binswanger », 1963, *Regard Parole Espace*, Ed. l'Age d'Homme,1994, p.101.
[59] M. BLANCHOT, *L'espace littéraire*, Gallimard, 1955, p.258. Cet ouvrage sera noté par la suite « EL ».
[60] EL, p. 274.

l'œuvre est « *l'autre du temps* », « *l'autre du monde* »[61] ; pour nous, cela signifie qu'elle est autre qu'un « îlot » solitaire dans le monde empirique. Elle est, comme trace du créateur, antérieure à tout commencement empirique. C'est ainsi que nous avons le sentiment qu'elle commence avec nous quand nous la lisons.

A travers l'expérience picturale et l'expérience littéraire, les divergences, que nous devrions souligner si nous comparions l'une à l'autre ces deux formes de production artistique fort différentes, nous importent moins que la confirmation d'un type commun d'expérience auquel elles nous proposent de participer. En effet, accéder en nous à la distinction entre des processus thématiques et non-thématiques, revient à s'extraire de la vie quotidienne par une attitude proche de la réduction transcendantale, pour nous permettre de saisir l'expérience «brute» qui passe inaperçue dans le flux de nos habitudes. Marcel Proust écrit que « *la grandeur de l'art véritable* », c'est « *de ressaisir, de nous faire connaître cette réalité loin de laquelle nous vivons, de laquelle nous nous écartons de plus en plus au fur et à mesure que prend plus d'épaisseur et d'imperméabilité la connaissance conventionnelle que nous lui substituons, cette réalité que nous risquerions fort de mourir sans avoir connue, et qui est tout simplement notre vie.* »[62]

L'étude de l'*expression* (au sens de Merleau-Ponty) dans l'art ne peut-elle pas finalement servir de paradigme à l'entrelacs du corps et de la parole dans l'*espace potentiel* de la psychothérapie ? Cette hypothèse sous-entend que l'espace de la psychothérapie est comparable à celui de l'art, si ce n'est en tous points, du moins en des points essentiels convergeant sous un regard phénoménologique. Cette comparaison, suggérée par Winnicott, trouve un argument supplémentaire dans ce « retrait » que réalise la situation psychothérapeutique vis à vis du flux de la vie irréfléchie quotidienne, retrait fécondant l'expérience par la mise en questionnement d'évidences passant jusque là inaperçues.

Nous nous proposons d'étudier, dans la seconde partie de ce travail, certaines expériences artistiques, dans l'espoir d'approfondir, par cette voie, notre connaissance des rapports qu'entretiennent le(s) sens, la parole et le corps vécus.

---

[61] EL, p.303.
[62] M. PROUST, *Le temps retrouvé*, Gallimard, 1989, p. 202.

PARTIE II

A -L'expression à l'œuvre

1-L'expression dans l'art et l'invisible du sensible.

Histoire et définition du « duende ».

La langue espagnole a cerné de près un mouvement quasi-ineffable qu'elle a nommé *duende*, reconnu par l'émotion qu'il provoque, dans le cours d'une représentation de danse ou de chant flamenco. Le *duende* est subtilement décrit par le poète et musicien Federico Garcia Lorca[63] qui devient le propagandiste du *cante jondo* (littéralement « chant profond »), après sa rencontre avec le compositeur Manuel de Falla. Ce chant est « *un rarissime exemple de chant primitif, le plus vieux de toute l'Europe, qui porte la nudité, l'émotion frémissante des races orientales* »[64] et il s'agit de le sauver de l'agonie puisque, selon eux, en ces années 1920, un folklorisme caricatural et vulgaire menace d'étouffer la source authentique de la musique andalouse. Ils organisent, avec leurs amis, un concours de chant, visant à reconnaître dans le peuple des chanteurs authentiques, et un cycle de conférences dont Garcia Lorca est l'auteur.

On y apprend que le *cante jondo* (dont le prototype est la *siguiriya* gitane) est originaire des premiers systèmes musicaux de l'Inde, c'est-à-dire des premières manifestations du chant, et que le *flamenco* n'est qu'un dérivé secondaire de ce chant ancestral, qui prend sa forme définitive au XVIIIème siècle et s'épanouit dans un vaste courant littéraire et musical. Le *cante jondo*, lui, est enraciné dans la région andalouse. Son éclosion se situe au confluent de trois évènements historiques : « *l'adoption par l'Eglise espagnole du chant liturgique, l'invasion sarrasine, et l'arrivée en Espagne de nombreuses tribus gitanes.* »[65] Le *cante jondo* garde certaines particularités mélodiques et rythmiques du chant liturgique, comme l'inharmonie ou le manque de rythme métrique de la ligne mélodique. Les tribus gitanes persécutées qui fuient l'Inde en 1400 après J-C apparaissent en Europe une vingtaine d'années plus tard. Celles qui entrent en Espagne, en même temps que les armées

---

[63] Federico Garcia Lorca est un écrivain espagnol, auteur de poèmes et de pièces de théâtre. Il s'est d'abord consacré jusqu'à l'âge de 20 ans à l'étude de la musique. Il a vécu de 1898 à 1936, date à laquelle il a été fusillé par les franquistes pendant la guerre civile.
[64] F. GARCIA LORCA, « El cante jondo, primitivo canto andaluz », in *Obras Completas*, Tomo I, Ed. Aguilar, 1954, p. 975.
[65] F. GARCIA LORCA, *Idem*, p. 976.

sarrasines, unissent les plus ancestraux éléments de leur culture aux germes du *cante jondo* andalou, pour l'accomplir enfin dans sa forme définitive. Le *cante jondo* est, à l'origine, profondément populaire, c'est pourquoi il a longtemps été méprisé par la société cultivée, jusqu'à une revalorisation récente, à la fin du XIXème siècle. C'est dans ce chant profond gitan que le *duende* se manifeste.

Le terme *duende* dérive de « dueño de la casa » qui signifie « maître de la maison ». Le premier sens du mot est : « *esprit qui, d'après les petites gens, habite certaines maisons et s'y promène en causant quelques dérangements et fracas* ».[56] C'est dans la région andalouse que le terme prend un sens relié au chant profond gitan, il désigne alors « *un charme mystérieux et indiscible* ». Ce terme est intraduisible en langue française, qui l'approche peut-être par les termes de « démon » ou « esprit follet » pour ce qui est du sens premier ; mais qui ne peut dire mieux que « moment de grâce », « inspiration » ou prosaïquement « sortir ses tripes » pour s'approprier le sens du *duende* andalou. Pourtant, ce qui est décrit avec le *duende* est une expérience humaine universelle, ne se limitant pas au vécu subjectif de quelques individus du sud de l'Espagne. Il prend bien sa source dans la culture et l'histoire d'une région, mais il est expérimentable par tous (« *Lorsque cette évasion s'accomplit, tout le monde en ressent les effets : l'initié qui admire comme le style triomphe d'une manière pauvre, et le profane qui éprouve confusément une émotion authentique* »[67]) et se déploie hors du chant gitan qui l'a nommé (« *Tous les arts sont susceptibles de duende* »[68]). Il s'agit donc d'une **expérience humaine qui existe dans l'intervalle** laissé **entre les mots** de la langue française et qui n'est approché que de manière métaphorique par le terme espagnol puisque ce qu'il désigne est, paradoxalement, **ineffable**.

La conférence de Federico Garcia Lorca sur « La théorie et le jeu du duende » (1930) nous apprend à saisir certaines facettes de ce phénomène qui n'apparaît que sous le régime d'une certaine réduction qui met entre parenthèse les pré-supposés théoriques sur l'art : « *pour chercher le duende, il ne faut ni carte, ni ascèse.[...] Il rejette toute la douce géométrie apprise[...]* », et Manuel de Falla insiste : « *Je crois qu'il faut partir des sources naturelles, utiliser la substance de leurs sonorités, de leurs rythmes, mais refuser d'en rappeler*

---

[66] *Diccionario de la lengua española*, Real Academia Española, 1972.
[67] F. GARCIA LORCA, « Teoría y juego del duende », in *Obras Completas*, Tomo I, Ed. Aguilar, 1954, p.1072.
[68] F. GARCIA LORCA, *Idem*, p.1073.

l'apparence extérieure. Ainsi, faut-il aller tout au fond de la musique andalouse pour ne pas la caricaturer... »[69].

Le « duende » comme mise en présence d'une idéalité.

L'artiste, vis à vis du *duende*, est à mi-chemin entre l'activité et la passivité ; on dit aussi bien : « Il est possédé par le *duende* » que « Il a le *duende* ». Cette possession par une puissance dépassant l'artiste s'associe à la première connotation du *duende*, entendu comme un génie, un esprit follet, un démon, un diablotin. L'image prend son accent de vérité lors de la description des effets du chant sur la foule, qui évoquent l'envoûtement des rites dyonisiaques : « *La Niña de los Peines se leva [...]. Elle avait réussi a jeter à bas l'échafaudage de la chanson, pour livrer passage à un démon furieux et dévorant, frère des vents chargés de sable, sous l'empire de qui le public lacérait ses habits[...].* »[70] Mais l'homme possédé réalise un accomplissement intime dans le même temps. Garcia Lorca insiste sur une distinction entre ange et muse d'une part, figures classiques de l'inspiration artistique, et le *duende* d'autre part. L'ange « *guide* », « *répand sa grâce* » au dessus de l'artiste, dans « *une ambiance de prédestination* » ; la muse « *dicte* », « *souffle* », « *éveille l'intelligence* », élevant le poète « *sur un trône aux arêtes tranchantes* ». Ainsi, « *ange et muse viennent du dehors.[...] En revanche, le duende, c'est dans les ultimes demeures du sang qu'il faut le réveiller* ».[71] On comprend là que la métaphore du démon ne doit pas faire oublier qu'il s'accomplit, dans la représentation artistique, un événement qui n'est pas extérieur au sujet, qui le révèle lui-même dans sa particularité. Il s'agit d'un événement qui à la fois dépasse l'artiste et à la fois l'accomplit. Le *duende* se déploie donc dans la voie moyenne de la participation, rejoignant la description du fonctionnement de l'œuvre d'art faite par Gadamer : artiste et spectateur participent ensemble à la représentation (*darstellung*) de l'œuvre, comme les joueurs participent à l'actualisation d'un jeu. Le *duende* circule entre l'artiste et le public qui s'embrase, le *duende* n'existe pas sans public pour le reconnaître et le nommer.

Les participants, ainsi, amènent à la représentation quelque chose d'invisible et d'ineffable. Il y a mise en présence simultanée d'une idéalité omnitemporelle et du geste momentané d'un corps terrestre.

L'ordre de l'idéalité se manifeste, avant tout, dans cette conviction qu'a Manuel de Falla concernant le *cante jondo*, dans lequel il voit la perpétuation d'un chant originaire, ayant

---

[69] cité par M. AUCLAIR, *Enfances et mort de Garcia Lorca*, Seuil, 1968, p.119.
[70] F. GARCIA LORCA, « Teoría y juego del duende », in *op. cit.*, p. 1071.
[71] F. GARCIA LORCA, *Idem*, p.1069.

traversé une histoire millénaire, pour rejaillir aujourd'hui, intact, identique à ce qu'il était à sa source orientale, comme si une âme supra-individuelle du flamenco nous survivait : « *Ces immenses interprètes de l'âme populaire ont brisé leur âme dans les tempêtes du sentiment. Presque tous sont morts du coeur, c'est à dire qu'ils ont éclaté comme d'énormes cigales après avoir peuplé notre atmosphère de rythmes idéaux...* ».[72] Cette idéalité peut prendre encore le visage, pour le public, de la présomption d'une présence divine, que certains saluent par des exclamations ou des signes de croix. Et il n'y a pas d'auteur individuel des paroles du *cante jondo*, l'interprète chante des textes anonymes, transmis par une tradition orale au fil des générations, si bien que le *cante jondo* appartient à personne et tout le monde à la fois.

Cependant le *duende* n'existe pas sans un corps à habiter : « *Tous les arts sont susceptibles de duende, mais là où il se déploie le plus librement, c'est, naturellement, dans la musique, dans la danse et dans la poésie déclamée, parce que ces arts ont besoin d'un corps vivant qui les interprète[...]* », « *le duende opère sur le corps de la danseuse comme le vent sur le sable* », le *duende* engage avec la chanteuse « *un grand corps à corps* ».[73]

L' « invisible » du monde sensible.

Rappelons–nous que l'*expression* pour Merleau-Ponty est « *une signification qui descend dans le monde et se met à y exister* »[74], « *une opération primordiale de signification où l'exprimé n'existe pas à part de l'expression* »[75] Ici, la signification n'est pas langagière, elle est bien plutôt musicale : une âme supra-individuelle du *cante jondo* est visible dans un corps individuel, dans l'instant de grâce du *duende*. Avec Merleau-Ponty, « *nous aurons à reconnaître une idéalité qui n'est pas étrangère à la chair, qui lui donne ses axes, sa profondeur, ses dimensions.* »[76]

Il y a une **idéalité doublant la sensation corporelle**, comme chez Swann, le personnage de Marcel Proust[77], à qui est rendue présente « l'essence de l'amour » à l'écoute de la « petite phrase de Vinteuil »[78]. Cette idéalité est bien différente des idées pures de la science ou de

---

[72] F. GARCIA LORCA, « El cante jondo, primitivo canto andaluz », in *op. cit.*, p.994.
[73] F. GARCIA LORCA, « Teoría y juego del duende », in *op. cit.*, p.1077.
[74] PP, p.369.
[75] PP, p.193.
[76] VI, p. 197.
[77] Selon Merleau-Ponty, « *personne n'a été plus loin que Proust dans la fixation des rapports du visible et de l'invisible, dans la description d'une idée qui n'est pas le contraire du sensible, qui en est la doublure et la profondeur* », VI, p.193.
[78] « *[...]Swann, qui ne pouvait pas plus la voir que si elle avait appartenu à un monde ultra violet, et qui goûtait comme le rafraîchissement d'une métamorphose dans la cécité momentanée dont il était frappé en approchant d'elle, Swann la sentait présente, comme une déesse protectrice et confidente de son amour, et qui*

la philosophie puisqu'elle ne peut pas être appréhendée hors du sensible. Il s'agit bien, pourtant, d'une idéalité rigoureuse, qui permet que « *les moments de la sonate, les fragments du champ lumineux, adhèrent l'un à l'autre par une cohésion sans concept, qui est du même type que la cohésion des parties de mon corps, ou de celle de mon corps et du monde[...]* ».[79]

Cette idéalité relève de l'*invisible*, notion amenée par Merleau-Ponty au cours de son tournant dit « ontologique ». Dépassant les oppositions classiques sujet/objet, conscience/monde, il amène la notion de l'*entrelacs*, du *chiasme* du *visible* et de l'*invisible*.

L'*invisible* désigne l'armature du visible, que le sensible cache et manifeste à le fois. Cette notion émerge dans les suites d'une réflexion portant sur la *réversibilité* du corps sensible. Nous avons déjà vu que le corps pouvait être touchant comme touché. Le moment où l'on bascule de la première sensation à la seconde ne peut pas être vécu positivement ; donc cette réversibilité est toujours imminente, en sursis, elle comporte un « *hiatus* », un « *bougé* ». L'expérience sensible comporte une charnière de non-coïncidence, « *irrémédiablement cachée* »[80], ce qui ne dissout pas pour autant la cohérence de l'expérience. Cette « charnière » permet de penser une idée ou une essence du sensible qui en est la *profondeur* ; qui n'est donc plus l'objet ou le noème d'une conscience ou d'une subjectivité en acte.

L'*invisible* n'est **connaissable que par des moyens visibles**, comme la lumière dans un tableau, qui nous est connue par les moyens visibles de l'agencement des couleurs et des formes sur la toile ; comme le vent par le mouvement de l'arbre dans ce haïku : « *Le saule/ Peint le vent/ Sans pinceau* » ; ou comme le *duende* par le geste de la danseuse. Pour Merleau-Ponty, « *il n'y a pas de vision sans écran : les idées dont nous parlons ne seraient pas mieux connues de nous si nous n'avions pas de corps et pas de sensibilité, c'est alors qu'elles nous seraient invisibles* », « *elles sont en transparence derrière le sensible, ou en son cœur.* »[81] Marcel Proust nous donne des exemples de ces *invisibles*, quand il se rend compte que, depuis toujours, il a cherché dans « *un nuage, un triangle, un clocher, une fleur, un caillou* », une « *pensée* » qu'ils traduiraient tels des « *caractères hiéroglyphiques* », guidé par l'intuition que « *les vérités que l'intelligence saisit directement à claire-voie dans le monde de la pleine lumière ont quelque chose de moins profond, de moins nécessaire que celles que la vie nous a malgré nous communiquées en*

---

pour pouvoir arriver jusqu'à lui devant la foule et l'emmener à l'écart pour lui parler, avait revêtu le déguisement de cette apparence sonore. », M. PROUST, *Un amour de Swann*, Gallimard.
[79] VI, p. 197.
[80] VI, p. 194-195.
[81] VI, p. 194.

une impression, matérielle parce qu'elle est entrée par nos sens, mais dont nous pouvons dégager l'esprit. »[82] Ainsi, c'est par l'épreuve de ses sens, qu'il a le sentiment d'accéder aux « *notions de la lumière, du son, du relief, de la volupté physique* ».[83]

La « chair » chez Merleau-Ponty ou comment penser le lien du visible et de l'invisible

L'introduction de l'*invisible* prolonge et renouvelle la distinction entre l'ordre de l'essence, de l'idée et l'ordre de l'existence, du fait. Le propos de Merleau-Ponty n'est pas de contester le concept d'essence comme tel, mais plutôt de **critiquer la prétention de séparer** l'expérience ou **la variation, de** l'essence ou **l'invariant**. Cette séparation aboutit, dans la pensée réflexive, à poser, « en face » de l'esprit, le monde réduit à son schéma intelligible, balayant ainsi toute question portant sur leur rapport, qui est désormais de corrélation pure. L'effort de Merleau-Ponty vise à penser ce rapport sous la forme d'un **« *enjambement* » de l'esprit sur le monde et/ou du monde sur l'esprit.**[84]

Il nous semble qu'il faut éclairer de ce vœu toute une série de termes déclinés dans « *Le visible et l'invisible* » (qui ont pour point commun de viser un passage entre des termes habituellement tenus pour séparés) tels que *chiasme, dialectique sans synthèse*, ou *déhiscence* ; et qui semblent ajouter des touches subtiles à ce qui avait commencé à être pensé sous la notion d'*expression*. L'effort de pensée de Merleau-Ponty le conduit aussi à privilégier, au lieu de la notion de *fondation*, celle d'*institution* (*Stiftung*), qui, comme nous l'indique Pascal Dupond, désigne une véritable réversibilité du fondant et du fondé, alors que précédemment le sens archéologique était subordonné au sens téléologique ; ainsi, « *la notion d'institution permet de refuser l'activisme de la « donation de sens »*. »[85]

Si l'on considère le touchant, le tangible et le « *réfléchi en bougé* » qui les articule, alors « *la chair est ce cycle entier et non pas seulement l'inhérence en un ceci individué spatio-temporellement.* »[86] La notion de *chair* découle, d'une certaine manière, de l'analyse du corps vécu ambigü ; elle ne vise pas la différence corps objet/corps sujet, mais elle s'installe à même l'ambiguïté du corps propre, dans **l'étoffe commune du corps et du monde** : « *la chair dont nous parlons n'est pas la matière. Elle est l'enroulement du visible sur le corps voyant, du tangible sur le corps touchant, qui est attesté notamment quand le corps se voit, se touche en train de voir et de toucher les choses, de sorte que, simultanément, comme tangible il descend parmi elles, comme touchant il les domine toutes et tire de lui-même ce*

---

[82] M. PROUST, *Le temps retrouvé*, Gallimard, 1995, p. 185.
[83] M.PROUST, *Du côté de chez Swann*, cité par M.MERLEAU-PONTY, VI, p.193.
[84] VI, p. 70-73.
[85] P. DUPOND, *Le vocabulaire de Merleau-Ponty*, Ellipses, 2001, p.29.
[86] VI, notes de travail, p. 308.

rapport, et même ce double rapport, par déhiscence ou fission de sa masse. »[87] La *chair* désigne d'un même mouvement : l'être ambigu de notre corps (tangible et touchant), l'être ambigu du monde (visible et invisible), et l'indivision de l'être du corps et de l'être du monde, puisqu'entre ma *chair* et celle du monde, il y a « *correspondance de son dedans et de mon dehors, de mon dedans et de son dehors* »[88]. Il y a enveloppement réciproque, ou *chiasme*, entre ma *chair* et celle du monde.

Le « corps » des œuvres artistiques semble naître de cette étoffe de *chair*. Dans les textes du *cante jondo*, l'andalou consulte l'air, la terre, la mer, la lune, l'oiseau, la pierre, le romarin ; il engage un véritable dialogue avec la nature qui écoute ses confidences. Au-delà d'un certain panthéisme, on peut éprouver la confirmation d'un *chiasme* de la *chair*, dans le corps vécu du chanteur, qui s'étend bien au-delà de ses limites épidermiques (au delà d'un « *ceci individué spatio-temporellement* »), jusqu'au ciel, espace vécu sans borne, mais « structuré » par un horizon: « *La figure du* cantaor *s'inscrit entre deux grandes lignes, l'arc-en-ciel à l'extérieur, et le zig-zag qui serpente dans l'âme*», « *ils chantent, hallucinés par un point brillant qui tremble à l'horizon* »[89]. Marcel Proust sent bien « *dans les moments mêmes où nous sommes les spectateurs les plus désintéressés de la nature, de la société, de l'amour, de l'art lui-même, comme toute impression est double, à demi-engainée dans l'objet, prolongée en nous-mêmes par une autre moitié[...]* ».[90] Et de ce lien continu du corps et du monde, Rainer Maria Rilke témoigne lui aussi lorsqu'il se souvient d'un moment « *où il y eut, au-dehors et au-dedans de lui, et accordant l'un à l'autre, un cri d'oiseau qui, en quelque sorte ne se brisait pas à la frontière du corps et réunissait les deux côtés en un seul espace ininterrompu où il ne restait, mystérieusement protégé, qu'un lieu, unique, de la plus pure, de la plus profonde conscience.* »[91]

L'idéalité du monde sensible s'est dévoilée à nous au sein du *duende* et de l'« idée sensible » de Proust. Mais cette idéalité est différente de la signification idéique (le signifié) des mots. Si l'on tente de rendre compte de l'idéalité pure (la signification des mots), il nous faut passer du corps vivant à « *un autre corps, moins lourd, plus transparent* », celui de la *chair* du langage. Là, « *sens et son sont dans le même rapport que « la petite phrase »*

---

[87] VI, p.189.
[88] VI, p.179.
[89] F. GARCIA LORCA, « El cante jondo, primitivo canto andaluz », in *op.cit.*, p.993.
[90] M. PROUST, *Le temps retrouvé*, Gallimard, p. 198.
[91] R. MARIA RILKE, « Instant vécu », in *Lettres à un jeune poète*, Le livre de poche, 1989, p.118.

et les cinq notes qu'on y trouve après coup »[92] en référence à la sonate de Vinteuil, ou bien dans le même rapport que le *duende* et les paroles ou les gestes d'un chanteur.

2-L'expression dans la parole et l'invisible du langage

Pour Merleau-Ponty, *« les idées sont l'autre côté du langage et du calcul. Quand je pense, elles animent ma parole intérieure, elles la hantent comme la « petite phrase » possède le violoniste, et restent au-delà des mots, comme elle au-delà des notes, non que sous un autre soleil elles resplendissent mais parce qu'elles sont ce certain écart, cette différenciation jamais achevée, cette ouverture toujours à refaire entre le signe et le signe, comme la chair, disions-nous, est la déhiscence de voyant en visible et du visible en voyant. »*[93] Si les significations sensibles sont l'*invisible* de la *chair* du corps expressif, les **significations idéiques** sont l'*invisible* **de la** *chair* **du langage**. Nous retrouvons donc la notion de structure ontologique commune, celle de la *chair*, entre le corps et le langage. Il ne faut pas considérer le *visible* et l'*invisible* comme l'extrapolation au monde entier d'une vérité qui ne concerne que la corporéité du sujet. Le mouvement est plutôt inverse : le *visible* et l'*invisible* sont des notions ontologiques générales, découvertes à travers l'expérience du double contact du corps. Régionalement, elles se retrouvent dans l'expérience perceptive et dans l'expérience de la parole, comme accomplissement d'une structure ontologique générale. L'être du langage et l'être du corps sont des **variantes de l'être « général » du monde**.[94]

La découverte de cette structure ontologique dans les rapports de la parole et de l'idée n'est-elle qu'une nouvelle façon de qualifier le rapport du signifiant et du signifié, déjà connu par Saussure ? Nous pouvons le croire si nous considérons la parole et l'idée comme thématiques, comme également « données ». Mais Françoise Dastur nous invite à penser que le rapport d'enveloppement réciproque de la parole et de la pensée, pour Merleau-ponty, n'est pas superposable à « *la théorie saussurienne du signe comme entité psychique à deux faces* », qui ne rend pas compte de l'« *idée d'un double processus de formation de la pensée et de la parole* ».[95] Avec Merleau-Ponty la parole et la pensée sont dans un rapport de fondation réciproque ; et le signifié, loin d'être toujours donné avec le signifiant, peut être « en sursis ».

---

[92] VI, p.198.
[93] VI, p.199.
[94] F. DASTUR, « La pensée du dedans », in *Chair et langage, Essais sur Merleau-Ponty*, Ed Encres marines, 2001, p.135.
[95] F. DASTUR, « Le corps de la parole », in *op. cit.*, p. 64.

B-Rapports de la parole et du silence.

Dans la partie précédente, nous avons été amenés à envisager successivement, et donc séparément, l'expérience sensible et l'expérience de la parole. Cette distinction, utile pour servir un exposé thématique, n'est-elle pas artificielle au point de nous induire en erreur ? En effet, quoiqu'il nous arrive nous sommes toujours déjà pris dans le langage. Heidegger nous indique bien que « *quand nous allons à la fontaine, quand nous traversons la forêt, nous traversons toujours déjà le nom « fontaine », le nom « forêt », même si nous n'énonçons pas ces mots, même si nous ne pensons pas à la langue.* »[96] Nous ne pouvons pas faire autrement que de naître dans un monde parlant. Il paraît donc difficile d'évoquer une expérience sensible qui se situerait hors du langage, puisque le langage semble codifier notre expérience sensible même. Quel sens cela peut-il avoir de parler d'expérience « muette » ?

Pour rendre compte de cet aspect de la parole, qui sédimente dans notre culture, qui nous fournit des mots utiles ayant déjà un sens commun (fontaine, forêt), on peut invoquer ce que Merleau-Ponty nomme la *parole parlée*, par opposition à la *parole parlante*. Et nous touchons à la particularité de la parole parmi les actes expressifs : elle a la possibilité de « sédimenter » en significations disponibles, et par conséquent de sembler disparaître au profit de l'idée pure (alors qu'on ne peut concevoir une mélodie sans notes de musique). Est-ce de ce « semblant de disparition » dont nous sommes victimes quand nous évoquons une expérience muette ?

1-Le silence.

Federico Garcia Lorca nous donne l'occasion d'observer la structure temporelle qui sous-tend le chant gitan: « *la siguiriyia débuta par ce **cri** terrible qui scinde le paysage en deux hémisphères égaux. La voix se tut alors : **silence** mesuré. Et commença la **mélodie**, onduleuse, interminable,[...], la mélodie de la siguiriyia se perd à l'horizontale, elle nous échappe des mains, nous la voyons s'éloigner vers un lointain de passion parfaite dont jamais l'âme ne pourra revenir...* ».[97] Le poète voit le silence qui suit le cri, non comme

---

[96] M. HEIDEGGER, « Pourquoi des poètes ? », *Chemins qui ne mènent nulle part*, Gallimard, 1950, p.253 ; cité par F. DASTUR, « Le corps de la parole », *op. cit.*, p 55.
[97] F. GARCIA LORCA, « El cante jondo, primitivo canto andaluz », in *op. cit.*, p.976.

une pure négativité, mais comme ayant une certaine plénitude, qu'il évoque dans deux poèmes :

LE SILENCE[98]	EL SILENCIO[99]
Entends, mon fils, le silence.	Oye, hijo mío, el silencio
C'est un silence ondulé,	Es un silencio ondulado,
C'est un silence	Un silencio,
Où glissent vallées, échos	Donde resbalan valles y ecos
Et qui courbe les fronts	Y que inclina las frentes
Jusqu'à la terre.	Hacia el suelo.

ET APRES	Y DESPUES
Les labyrinthes	Los laberintos
que crée le temps	que crea el tiempo
s'évanouissent.	se desvanecen.
(Seul reste	(Solo queda
le désert.)	el desierto.)
Le cœur,	El corazón,
fontaine du désir,	fuente del deseo,
s'évanouit.	se desvanece.
(Seul reste	(Solo queda
le désert.)	el desierto.)
L'illusion de l'aurore	La ilusión de la aurora
et les baisers	y los besos,
s'évanouissent.	se desvanecen.
Seul reste le désert.	Solo queda el desierto.
Un désert	Un ondulado
ondulé.	desierto.

---

[98]   F. GARCIA LORCA, Traduction française de P. DARMANGEAT, *Poèmes du cante jondo*, Ed. du Méridien, 1946, p. 19 et 22.
[99]   F. GARCIA LORCA, « Poema del cante jondo », in *Obras completas*, Tomo I, Ed Aguilar, 1921, p. 160 et 163.

Quelle est la structure ondulatoire ici décrite ? De quel silence s'agit-il ?

En nous plaçant dans le *monde-du-vivre*, on peut comprendre tout d'abord le silence comme l'absence de bruit ou l'absence de parole. Ainsi défini, il s'érige « en négatif », comme le contraire d'une positivité (le son). Si l'humanité s'éprouve mieux dans la parole, culturelle, que dans le bruit, naturel, elle n'est cependant pas absente du silence défini comme non-bruit, qui peut paraître comme le plus « élémentaire » des silences. Il y a bien « quelqu'un » pour rendre compte de cette présence « bourdonnante » du monde, qu'il nous arrive de rencontrer dans un silence total, situation fort artificielle et rare. Ce « bourdonnement » correspond-il à cette partie, à-demi engainée en nous, du bruit, qui nous laisse son empreinte ? Nous pouvons simplement constater que ce silence n'est pas un néant mais une sorte de « moment » de notre relation au monde. Nous sommes comme habités, même si elle n'est pas formulée, par une idée exclamative, du type « Quel silence ! », qui est inhabituelle, voire dérangeante.

Plus quotidiennement, le silence n'est pas total, mais il est le moment contraire de l'expression à haute voix de notre pensée, il est la parole se taisant, dans la solitude ou dans l'écoute. Ce silence est intervalle « négatif » entre des moments « positifs » de parole. Mais cet intervalle n'est pas un néant, il est comme, au minimum, le moment de repos, au maximum, le moment de maturation, de la parole. Et au cœur même des paroles, n'y a-t-il pas des « micro-silences » s'incarnant dans les points et les virgules de l'écriture ? Ces silences là semblent bien servir l'intelligibilité, la compréhensibilité de la parole. Ils s'entrelacent avec les mots pour leur permettre d'exister.

Ainsi, le renvoi « dos à dos » du silence et de la parole, du négatif et du positif, semble s'estomper, au fur et à mesure que nous nous approchons de « micro-silences » paradoxaux parce qu'on ne les « entend » pas directement, mais de manière médiate, dans le souffle et le rythme d'un phrasé.

Comment passer véritablement à un silence qui « *ne sera pas le contraire du langage* »[100], selon le vœu de Merleau-Ponty ? Il s'agit sans doute de quitter le *monde-du-vivre* et de se placer dans le registre du « *Lebenswelt non thématisé* »[101], c'est à dire dans un «lieu-temps» pré-réflexif qui n'apparaît que sous le régime d'une certaine réduction. Sur le chemin d'une genèse transcendantale, ce silence est celui du monde pré-linguistique, il caractérise le monde de la « *foi perceptive* », qui est en deçà des mots. Le silence n'est pas là « acoustique », mais plutôt utilisé comme métaphore caractérisant un « *mélange de*

---

[100] VI, notes de travail, p.230.
[101] VI, notes de travail, p.222.

monde et de nous qui précède la réflexion », qui n'est pas encore « *réduit à nos idéalisations et notre syntaxe .* »[102]

Il est difficile de savoir de quel silence il s'agit pour Garcia Lorca, mais nous plaçant dans le sillage d'un cri, qui appartient à un registre pré-langagier, et confiants dans le propos d'Erwin Straus selon lequel « *le sentir est au connaître ce que le cri est au mot* »[103] nous pouvons peut-être considérer que ce silence « ondulé » est celui du monde « brut » du *sentir*. Garcia Lorca, par le pouvoir de sa parole poétique, mettrait donc en mots un indicible ; comme Marcel Proust qui, découvrant des idées sensibles existant hors du langage, les mettait pourtant en mots dans l'écriture de « *La recherche du temps perdu* ».

2-Fonctionnement de la parole dans l'écriture littéraire

Merleau-Ponty comprend l'écriture comme une mutation de la parole en *parole totale*. Il s'agit d'une situation limite, puisque ce langage fixé est menacé d'« *oubli et d'absence* » si un « *esprit vivant* » ne vient pas l'éveiller par la lecture.[104] Ce cas limite du langage n'en est pas moins la meilleure façon d'éprouver ce qu'est la **parole parlante**, ainsi que Merleau-Ponty nomme un type de parole qui dit quelque chose pour la première fois, en se parant des mots disponibles de la culture. Avec cette notion, on peut tenter de rendre compte de notre capacité à apprendre des significations nouvelles, par exemple de la lecture d'un texte difficile ou d'une conversation avec autrui ; capacité qu'il est difficile d'expliquer par la reviviscence de significations sédimentées, de l'ordre de la « fontaine » ou de la « forêt ».

L'enfant qui apprend à parler et l'écrivain sont deux types de personnes qui usent de cette « première » parole[105] dont Maurice Blanchot rend compte, à sa façon, dans « *L'espace littéraire* », qui l'amène à se retourner réflexivement sur l'écriture. Selon lui, quand on se place sur le versant du processus créateur, du côté de l'écrivain et de la relation qu'il entretient avec son texte, le langage est exclu de l'intersubjectivité, privé de l'interpellation (parlée ou silencieuse) d'autrui, extrait du cours du monde. Considérée ainsi, l'œuvre littéraire délimite une région de langage fermée sur soi, qui ne « veut » rien dire, qui ne fait,

---
[102] VI, p. 136.
[103] E. STRAUS, *Du sens des sens*, 1935, Ed. Jérôme Millon, 2000.
[104] F. DASTUR, « Chair et langage », in *Chair et langage, essais sur Merleau-Ponty*, Ed. Encre marine, 2001, p.20.
[105] M. MERLEAU-PONTY, PP, p.214.

ni plus ni moins, qu'« être » : « *L'œuvre [...] n'est ni achevée, ni inachevée : elle est. Ce qu'elle dit, c'est exclusivement cela : qu'elle est - et rien de plus. En dehors de cela, elle n'est rien. Qui veut lui faire exprimer davantage, ne trouve rien, trouve qu'elle n'exprime rien.* »[106]. Ainsi l'écrivain «*peut croire qu'il s'affirme en ce langage, mais ce qu'il affirme est tout à fait privé de soi.[...] Là où il est, seul parle l'être, ce qui signifie que la parole ne parle plus, mais est, mais se voue à la pure passivité de l'être.* »[107] Cet « être » est différent de l'« être » en général ou de l'« être » d'une chose, la littérature a lieu comme quelque chose « *n'ayant pas lieu en tant que d'aucun objet qui existe* »[108]. En elle, le langage *est*, «*le poète fait œuvre de pur langage et le langage en cette œuvre est retour à son essence.* »

L'œuvre fait apparaître ce qui d'habitude disparaît dans l'objet utile (la pierre dans la sculpture, la sonorité du mot dans le poème). L'œuvre est ce dont elle est faite, mais pas au sens d'une simple affirmation de la matière (un tas de pierre, une suite de mots au hasard ne suffisent pas). C'est un « au-delà » de la matière qui s'affirme, faisant s'évanouir la matière. La matière du mot est rendue plus présente que dans l'usage quotidien de la parole, mais uniquement pour pouvoir se « suicider » dans une signification qui éclipse la matière. Il y a donc une oscillation entre « apparaître » et « disparaître », entre matière et idée, entre présence et absence, qui semble circonscrire un point de passage inatteignable. Maurice Blanchot l'appelle le point central, le point « *où rien ne se révèle* », le point où *« ici coïncide avec nulle part* ». Il semble être le point hypothétique où le langage serait fait uniquement de matière signifiante sans signification.

Maurice Blanchot suggère que l'œuvre est la trace que laisse l'écrivain dans son mouvement de tension vers ce point inatteignable, par lequel il est fasciné, et dont il ne pourrait rien faire s'il l'atteignait, car c'est le point où le langage se suffit à lui-même et ne signifie rien.

Ainsi, l'œuvre littéraire maintient la position d'un pur « être », ouvre un foyer de questionnement, bénéficiant d'un certain retrait par rapport aux objets de la vie quotidienne, dont elle n'a pas l'ustensilité. Autrement dit, **l'œuvre préserve un certain vide de signification** qu'elle voile et dévoile dans l'oscillation que nous avons décrite. En référence au *« feu non vu, indécomposable »*, «*le rameau du premier soleil* » (René Char), Maurice

---

[106] M. BLANCHOT, *L'espace littéraire*, Gallimard, 1955, p.15.
[107] EL, p.21.
[108] EL, p.44.

Blanchot voit le poème[109] comme « *le voile qui rend visible le feu, qui le rend visible par cela même qu'il le voile et le dissimule.* »[110]

Merleau-Ponty indique bien, lui aussi, que la parole parlante est la mise en mot d'un « *certain vide* », mue par une « *intention significative* » : « *l'intention de parler[...] apparaît, comme l'ébullition dans un liquide, lorsque dans l'épaisseur de l'être, des zones de vide se constituent et se déplacent vers le dehors* ».[111] La signification de la parole parlante se découvre dès lors dans le mouvement même où elle s'accomplit et « *mes paroles[...] m'enseignent ma pensée.* ». La signification de cette parole n'est qu'en sursis ; quand j'agence les mots, « *j'accomplis la médiation entre mon intention encore muette et les mots.* »[112]

Si dans l'œuvre littéraire la parole est « totalement » *parlante*, dans la vie quotidienne elle oscille plutôt entre les deux types (*parlé* et *parlant*) qui se nourrissent l'un l'autre. Le fait de se reposer sur une parole sédimentée (une *parole parlée*) transmet à l'intention significative une espèce de confiance dans la possibilité d'exprimer les choses totalement. Ce n'est pas parce qu'elle contient a priori toutes les choses du monde que la langue maternelle nous donne ce sentiment, mais parce qu'elle est nôtre.[113] Dans la *parole parlante*, nous trouvons la « poussée » d'une intention « muette » à dire, soutenue par une confiance dans notre possibilité de dire les choses. Et disant des significations nouvelles, elle alimente et grandit le socle des significations sédimentées de la culture.

Finalement, la *parole parlante* et la *parole parlée* se distinguent par leur rapport au silence. La *parole parlée* obture le silence de l'Être brut auquel elle substitue sa volubilité, alors que la *parole parlante* croît dans la proximité du silence et reconduit la parole au silence[114] : Marcel Proust confirme que « *les vrais livres doivent être les enfants non du grand jour et de la causerie mais de l'obscurité et du silence.* »[115] Nous pouvons désormais comprendre le projet de la philosophie de Merleau-Ponty comme l'accomplissement d'une *parole*

---

[109] EL, p.307.
[110] Ne pouvons-nous pas penser que la réapparition masquée ou secrète de l'art dans les régimes totalitaires qui le censurent témoigne de la nécessité, pour l'homme, de préserver un lieu de matière vide de sens prédicatif ?

[111] PP, p.229.
[112] M. MERLEAU-PONTY, « Sur la phénoménologie du langage », 1960, in *Signes*, Gallimard, 2001, p. 144.
[113] *Idem*, p. 145.
[114] P. DUPOND, *Le vocabulaire de Merleau-Ponty*, Ellipses, 2001, p. 48.
[115] M. PROUST, *Le temps retrouvé*, Gallimard, 1989, p. 204.

parlante, puisque citant Husserl à plusieurs reprises, il indique que « *ce sont les choses mêmes, du fond de leur silence* » qu'il s'agit de « *conduire à l'expression.* »[116]

Comment, dès lors, reconsidérer la séparation d'un monde sensible et d'un monde parlant ? Le monde parlant codifie certainement notre accès au monde sensible : un sujet qui ne connaît pas les noms des couleurs, par exemple, en a une perception plus indifférenciée que celui qui peut les identifier verbalement. Et Paul Ricoeur indique bien que le langage est « *le milieu dans quoi et par quoi le sujet se possède et le monde se montre* ». Mais le monde sensible ne se résorbe pas tout entier dans la parole, il semble comporter de l'ineffable vers lequel tend le mot *duende* notamment qui, par définition, désigne un charme « indicible ». Cela n'empêche pourtant pas Garcia Lorca de le mettre en mots, nous donnant à sa lecture le sentiment d'en comprendre quelque chose. N'est-ce pas vers l'ineffable que tend l'intention significative de la parole parlante ?

Le « statut » de cet ineffable reste pour nous obscur. Est-il comparable à une espèce de « tâche aveugle » qui, permettant la vision, reste irrémédiablement inaccessible à la vision ? Cette métaphore, employée par Merleau-Ponty, nous rapproche implicitement de l'*invisible*. Mais plus haut, l'*invisible* nous était apparu comme appartenant à l'ordre de la signification, de l'idée, par opposition (dans un regard imprégné du modèle perceptif de la chose) à l'ordre du fait, de l'existence. Ici, l'*invisible* appartiendrait plutôt à l'ordre de l'ineffable de l'expérience sensible, par opposition à l'ordre du dicible. Ces deux propositions sont-elles contradictoires ? Elles engagent, en tout cas, la question suivante : l'ineffable recouvre-t-il un champ privé de signification, ou indique-t-il l'existence d'un sens « extérieur » et irréductible au langage? Pour s'engager dans une réponse, il s'agirait sans doute d'approfondir plus avant les significations du mot « sens », tels que nous les avons à peine esquissées dans notre première partie. Mais dans la voie de ce questionnement, ne pouvons-nous pas formuler l'hypothèse que quelque élément du *moment pathique* de l'expérience pré-verbale puisse se transposer dans le *moment pathique* de la parole ? N'y aurait-il pas un passage, du monde brut au monde parlant, qui garde dans son sillage une texture pathique se donnant d'une certaine manière ?

---

[116] VI, p. 18.

C-Le geste, l'affect, le rythme.

Pouvons-nous cerner ce qui relève de l'expérience pathique ? Sans doute pas si «cerner» signifie «entourer d'un contour déterminé», car l'expérience pré-thématique échappe à jamais à une fixation en thèses, qui détruirait son instabilité mouvante. Nous oscillons, au cours de notre travail, entre des situations incarnées dans l'expérience de l'art, dans la rencontre psychiatrique et dans l'œuvre de certains philosophes, guidés par l'intuition que « cerner » peut aussi signifier « approcher » un vécu par touches successives et par différents chemins. Ainsi, peut-être que des tendances signifiantes se feront jour.

1-Le geste et le style.

Nous avons déjà noté que l'expérience esthétique pouvait être considérée comme paradigmatique de toute la réceptivité sensible, dans la mesure où elle nous donne l'occasion de réduire notre expérience à un type de vécu qui existe au quotidien mais passe inaperçu dans le flux de nos habitudes. Il semble donc important de prêter attention à ce que l'art nous propose de vivre. Pour Maldiney, **le geste créateur** de l'artiste s'oppose au geste calculé : il « *n'est pas un signe de l'homme, mais l'acte même de l'homme* »[117], il actualise et présentifie une genèse universelle, omnitemporelle. Ce geste correspond au moment où le peintre saisit la réalité de l'opération de la Nature, allant donc plus « profond » que les effets de la Nature, en produisant dans l'œuvre le *comment* de l'apparition des choses. Sans doute est-ce aussi ce que fait l'écrivain quand, longtemps après un spectacle mondain, il vient « *composer d'un mouvement d'épaules commun à beaucoup, vrai comme s'il était noté sur le cahier d'un anatomiste, mais ici pour exprimer une vérité psychologique, et emmanchant sur ses épaules un mouvement de cou fait par un autre, chacun ayant donné son instant de pose.* »[118] Cette rencontre du peintre et de l'écrivain nous indique que le « geste » ne doit pas être restreint au corps vécu, mais étendu au « corps » de la parole, puisque ce mouvement d'épaule général est traduit par Marcel Proust dans le « geste » d'une phrase littéraire.

Merleau-Ponty conduit d'ailleurs son analyse de la parole, en établissant une analogie entre le geste corporel et la parole : « *la parole est un geste et sa signification un monde* »[119], le

---

[117] H. MALDINEY, « Tal Coat », in *op. cit.*, p.25
[118] M. PROUST, *op. cit.*, p. 207.
[119] PP, p.214.

signifiant a une « *quasi-corporéité* »[120]. De la même façon que le geste du corps indique une tension de l'homme vers le monde sensible (la nature), le geste de la parole indique une tension de l'homme vers la culture.[121] Ces deux gestes ont en commun un certain caractère d'évidence, comme tout ce qui « va de soi ».

Ce geste a-t-il un sens ? Selon Merleau-Ponty, le geste de la parole possède une certaine signification indétachable du mot lui-même, une signification pré-réflexive, qui n'est pas de l'ordre de l'idée pure (du signifié) mais qui « *est la prise de position du sujet dans le monde des significations* »[122], qui indique le « foyer » de la parole. Par ailleurs, le **sens gestuel de la parole** se donne dans un **style** : « *la parole ou les mots portent une première couche de signification qui leur est adhérente et qui donne la pensée comme style, comme valeur affective, comme mimique existentielle, plutôt que comme énoncé conceptuel.* »[123] En effet, lorsqu'on communique avec quelqu'un, on ne communique pas avec « une pensée » ou « des représentations », mais d'abord avec un sujet parlant qui a « un style d'être », et avec le monde qu'il vise. Maldiney définit le style comme « *le moment pathique à l'état instable* », le « *comment qui s'exprime* »[124].

Tatossian relève que Husserl appréhende bien autrement le geste et la mimique que ne le fait Merleau-Ponty.[125] Dans les « *Recherches Logiques* »[126], Husserl distingue plusieurs fonctions du signe : fonction de signification, de manifestation (et d'indication), de dénomination. Le geste et la mimique ont une fonction de manifestation, mais pas de signification : ils utilisent la signification mais ne l'expriment pas (le geste est compris là comme mouvement du corps vivant). Une telle conception du langage permet de dénoncer l'erreur consistant à mettre la signification dans des images intuitives (par exemple, l'expression « carré rond » peut avoir une signification, évoquant l'aporie de la quadrature du cercle, sans manifestation d'une image correspondante). Pour Husserl, la persistance de la signification dans le monologue est l'invitation à chercher l'idéalité du langage hors de la communication, car celle-ci ne fait qu'utiliser la signification en la manifestant. Tatossian nous montre que l'intérêt d'une telle approche, ayant la signification pour fondement, est de

---

[120] M. MERLEAU-PONTY, « Sur la phénoménologie du langage », in *Signes*, Gallimard, 1960, p. 142.
[121] Il faut reconnaître « *comme un fait dernier cette puissance ouverte et indéfinie de signifier [...] par laquelle l'homme se transcende vers un comportement nouveau ou vers autrui ou vers sa propre pensée à travers son corps et sa parole* », PP, p. 226.
[122] PP, p. 225.
[123] PP, p.212.
[124] H. MALDINEY, « Le faux dilemme de la peinture : abstraction et réalité », in *op. cit.*, p. 14 et 17.
[125] A. TATOSSIAN, « Phénoménologie, linguistique et psychiatrie, à propos de l'article de Hans-Martin Gauger : « Conscience linguistique et linguistique ». », in *Confrontations psychiatriques* N°18-1981, p. 233-258.
[126] E. HUSSERL, *Recherches Logiques*, Tomes I, II, III, PUF, Paris, 1959, 1961, 1962 et 1963.

permettre la compréhension, en psychopathologie, du trouble du langage comme une altérité, et non une négativité, dans les situations où la communication est altérée.

Pour Merleau-Ponty, en revanche, la communication constitue un « *enchantement* », une sorte de possession[127] : le geste ne fait pas penser au vécu psychique d'autrui, il est ce vécu psychique même.[128] Il récuse l'acte d'interprétation intellectuelle (connaissance de la signification) d'un donné factuel (le geste) qui est au fondement de la communication selon Husserl. Rappelons-nous que le « geste » pour Merleau-ponty, désigne autant le mouvement du corps en prise sur le monde que le mouvement du mot en prise sur les significations. Toute la difficulté réside dans le statut à attribuer à cette « compréhension » des gestes d'autrui, qui est différente d'une opération de connaissance : « *Tout se passe comme si l'intention d'autrui habitait mon corps ou comme si mes intentions habitaient le sien* ».[129] Françoise Dastur explique : « *De même qu'il y a une coexistence de mon corps et des choses qui fait de l'expérience perceptive non pas la construction d'un objet scientifique mais bien l'épreuve d'une présence corporelle, il y a entre moi et autrui une réciprocité qui permet au sens intentionnel d'habiter plus d'un corps et d'émigrer ainsi de l'un à l'autre.* » Le sens du geste est donné « *comme une invitation ou une question selon le style inchoatif qui est propre à ce qui n'est que* geste*, c'est à dire précisément en gestation, en train de se faire et non pas déjà* « *chose faite* »*.* »[130]

2- *L'affectivité.*

Maldiney et Merleau-Ponty se rejoignent dans l'attribution d'une *valeur affective* au style, qui est le sens du geste. De quoi s'agit-il ? Jusqu'ici, l'expérience du *cante jondo* a révélé un type de « signification sensible » qui nous a introduits au champ de la *chair*, notion qui déstabilise toute appréhension cartésienne du monde. Or, le *duende*, cet *invisible*, se donne dans une forme émotionnelle, il est vécu au cœur d'un mouvement affectif circulant entre l'artiste et le spectateur. Avec plus d'attention, nous voyons se détacher deux « registres » affectifs dans le chant andalou. Sur le plan textuel, tout d'abord, le *cante jondo* décline à l'infini les mêmes thèmes (l'amour sans fin, la mort, la douleur, le plus souvent dans le temps d'une nuit étoilée) susceptibles en eux-mêmes d'engager une résonance émotionnelle pour le public. Mais ce pathétisme ne constitue qu'un sol thématique, et l'art

---

[127] PP, p.210.
[128] PP, p. 215.
[129] PP, p. 215.
[130] F. DASTUR, « Le corps de la parole », in *Chair et langage, essais sur Merleau-Ponty*, Ed. Encre marine, 2001, p. 60.

véritable consiste à ne pas laisser la passion librement s'épancher. Au contraire, il s'agit « *de ne laisser échapper la peine, les larmes, le cri, le aïe ! qu'en un mince filet de puissance d'autant plus terrible qu'elle est contenue* »[131]. Ainsi, à une émotion déclinée en thèmes typiques, s'articule une émotion plus « pure » décrite comme puissance naissante, maintenue au niveau de son origine, qui est garante de l'authenticité du *duende*: « *Le duende est pouvoir et non œuvre, combat et non pensée.* »[132] Comment rendre compte de ces registres affectifs ? Il semble que le vocabulaire philosophique hérité de Heidegger nous donne des mots pour les exprimer.

La *Stimmung* est un mot allemand que l'on approche, dans le vocabulaire psychiatrique, par le terme « humeur » ; même si pour le traduire véritablement « *il faudrait pouvoir en quelque sorte additionner en un seul mot : vocation, résonance, ton, ambiance, accord subjectif et objectif, ce qui est évidemment impossible.* »[133] Pour Heidegger, la *Stimmung* est ce dans quoi « baigne » toujours déjà le monde qui m'apparaît ; elle est la tonalité affective du plan ontique, existentiel. La *Stimmung* atteste, dans le registre de l'étant, d'un existential qui est la *Befindlichkeit*. Ce mot a été traduit par « sentiment de la situation », « disposibilité »[134]; il s'agit de l'existential définissant la tonalité du *Dasein*, se situant donc dans un plan ontologique.

La *Befindlichkeit*, dont la temporalisation a toujours déjà eu lieu, relève de ce que Marc Richir nomme un passé *transcendantal* : non seulement nous n'assistons jamais à la naissance d'une tonalité d'humeur (nous sommes toujours déjà de bonne ou de mauvaise humeur), mais, en plus, les états d'humeur varient, revirent les uns dans les autres ; ils n'ont pas de « devenir » propre. On peut donc dire de ce passé *transcendantal* qu'il est « *pour toujours immémorial* » et « *à jamais immature* ». [135]

L'affect qui s'entrelace avec le *duende* pourrait attester de cette texture d'expérience « originaire » ou « archaïque ». Le cri inaugural de la *siguiriya*, transcrit dans les poèmes de Garcia Lorca par « aïe ! », se prononce comme « hay » qui, en espagnol, signifie « il y a ». Merleau-Ponty essaie continûment de rendre compte de cette première positivité du « il y a ». Sa philosophie ne se veut pas la connaissance d'une inconnue ou la prise de conscience

---

[131] M. AUCLAIR, « Manuel De Falla et « Poemas del cante jondo » », in *Enfances et mort de Garcia Lorca*, Seuil, 1968, p. 127.
[132] F. GARCIA LORCA, « Teoría y juego del duende », in *op. cit.*, p.1068.
[133] M. HAAR, « La pensée de l'être et l'éclipse du moi », in *La fracture de l'histoire*, cité par F. WYBRANDS, « Y être, Note sur la « Stimmung » et la « Befindlichkeit » chez Heidegger », in *Figures de l'affectivité*, Champ psychosomatique 16, 1999, p.33.
[134] *Idem*, p. 32.
[135] M. RICHIR, « L'archaïsme phénoménologique de la *Stimmung* », in *Figures de l'affectivité*, opus cité, p. 38-39.

d'une signification, mais une interrogation sur l'ouverture au monde, c'est à dire sur le savoir, qu'il nomme la «*foi perceptive*», qui nous donne qu'« il y a » un monde.[136] C'est par cette «*foi perceptive*» que nous nous constituons en foyer, que nous sommes situés.

Par ailleurs, Marc Richir[137] distingue la *Stimmung*, qui ne se *temporalise pas en présence*, qui est muette, c'est-à-dire dont l'expressivité est hors langage ; de l'institution symbolique qui se *temporalise en présence*, fondant dans ce processus *un sens de langage*. Une troisième possibilité vient attester de la possible rencontre de la *Stimmung* et de l'institution symbolique, alors que la définition précédente laissait croire à leur incompatibilité : il s'agit de l'expérience vécue par les artistes qui parviennent, dans le jeu, à mimer et suggérer une disposition affective sans y être totalement engagés. Cette possibilité témoigne d'un passage de l'expressivité de la *Stimmung* en sa dimension sauvage, à la « mimèsis » de son expressivité. Cela suppose des tournures canoniques de l'affectivité, instituées symboliquement en registres de tonalités pathétiques dans chaque culture, dont « l'amour sans fin dans la nuit étoilée andalouse » nous donne un exemple, par opposition à l'archaïque et omnitemporel *duende*. Ces nuances de l'affectivité nous montrent que toute émotion ne relève pas de l'archaïque *Stimmung*. Mais dans l'hypothèse d'une « voie de passage » entre le monde pré-linguistique et le monde linguistique, n'y-a-t-il pas quelque trace de la *Stimmung* qui se présente dans la parole ?

Selon Merleau-Ponty, «*le mot exprime l'essence émotionnelle de l'objet*» et «*il faudrait chercher les premières ébauches de langage dans la gesticulation émotionnelle par laquelle l'homme superpose au monde donné le monde selon l'homme*»[138]. Il est intéressant de constater que certaines observations de l'enfant résonnent avec l'idée que le style gestuel est premier dans la genèse de l'expression symbolique (nous le mentionnons avec la conscience qu'un tel exemple pourrait alimenter une confusion entre l'antériorité chronologique développementale et l'« antériorité » *transcendantale* qui caractérise l'affectivité). En psychologie du développement, Henri Wallon note qu'avant le geste poursuivi pour lui-même, qui autorise à parler de « dessin » de l'enfant, il semble y avoir des gestes «*qui appartiennent aux effets dynamo-génétiques de la souffrance et du bien-être. Ils ne sauraient être dissociés des états affectifs qui leur répondent, comme le serait une expression de ce qu'elle exprime. Ils leur sont liés d'existence par une sorte de*

---
[136] VI, p. 135-136.
[137] M. RICHIR, « L'archaïsme phénoménologique de la *Stimmung* », in *Figures de l'affectivité*, opus cité, p. 43-45.
[138] PP, p. 218 et 219.

réciprocité immédiate et se confondent d'abord totalement avec eux. »[139] La mise en forme corporelle de ces situations émotionnelles se prolonge par les premières traces que laisse l'enfant, que Serge Tisseron nomme traces « *sensori-affectivo-motrices* » ou « *primaires* ».[140] Mues par l'affectivité, elles correspondent à une première symbolisation, participant à des « *schèmes archaïques* » qui relèvent de la première mise en forme du monde. Qu'en est-il chez l'adulte ?

L'expérience de la rencontre psychiatrique offre, comme l'expérience esthétique, l'occasion de décrire un vécu pathique, ainsi qu'en témoigne Binswanger. Lors de l'édification de la *Daseinsanalyse*, il porte une attention extrême aux structures spatiales et temporelles du *Dasein*. C'est ainsi qu'il distingue un *espace mathématique* (ou *physique*), un *espace orienté* où le corps vivant (*Leib*) est l'ici absolu et, enfin, un *espace thymique* ou *atmosphérique* qui récapitule les caractéristiques de la *Stimmung*. En lui, le moi et le monde forment une unité indissociable, où l'affectivité n'est pas accompagnatrice de la compréhension du monde, mais « dimension sous-jacente » à cette compréhension, réalisant une « *espèce de pré-compréhension plus originaire que la compréhension elle-même.* »[141] Dans cet espace sont ressentis le clair et l'obscur, le chaud et le froid, le familier et l'étrange.

Dans le champ de la psychothérapie, Daniel N. Stern se penche sur l'étude du *moment présent*[142], qui est un *maintenant* phénoménal, présentation épaisse d'une rétention et d'une protension. Il y distingue une connaissance *explicite* (qu'on pourrait nommer *thématique*) et une connaissance *implicite*, qui est non symbolique, non verbale, procédurale et non consciente réflexivement. L'*implicite* ne se résume pas au monde riche de la communication non verbale ou du mouvement corporel et de la sensation, mais il concerne aussi les affects et les mots, du moins ce qui « réside entre les lignes ». Selon Stern, la psychanalyse porte son intérêt sur le réseau associatif producteur de sens qui émerge du matériau brut de l'expérience. Seule l'expérience du transfert et du contre-transfert est, pour certains, l'occasion d'adopter une attitude phénoménologique, abandonnée dès l'explicitation de l'expérience présente. Stern défend l'idée que des changements thérapeutiques peuvent survenir sans explicitation thématique, si nous nous sensibilisons au *cheminement à deux* qui se déroule dans les *moments présents* de la psychothérapie, dont

---

[139] H. WALLON, « La kinesthésie et l'image visuelle du corps propre chez l'enfant », in *Bulletin de psychologie*, Paris 7, 1954.
[140] S. TISSERON, « Traces-contact, traces-mouvement et schèmes originaires de pensée », in *Le dessin dans le travail psychanalytique avec l'enfant*, Érès, Ramonville Saint-Agne, 1995, p 117-132.
[141] G. VATTIMO, *Introduction à Heidegger*, Paris, Cerf, 1985, p. 42 ; cité par J-C. MARCEAU, « Binswanger, Roland Kuhn et le dit inconscient », in *Le Cercle Herméneutique*, n° 1, 2003, p. 142.
[142] D. N. STERN, *Le moment présent en psychothérapie, un monde dans un grain de sable*, Odile Jacob, Paris 2003.

il repère la texture affective entrelacée à la parole : « *Le voyage affectif et le voyage parlé ont la même durée : quelques secondes [...]. Sentir les contours affectifs, entendre les mots et comprendre leur sens sont des expériences originelles directes. Les mots renvoient à une expérience indirecte avec un décalage.* »[143]

Finalement, si la *Stimmung* se présente d'une certaine façon dans la parole, il semble que ce soit « entre » ou « autour » des mots, dans un registre implicite, pré-thématique qui se donne comme entremêlé au discours. Maintenant que les découpes thématiques nous laissent apercevoir les « chutes du tissu » de l'expérience cartésienne, nous en venons à accentuer « *l'entre...* » des mots et de la rencontre. Cet intervalle, après s'être détaché « en négatif » par rapport aux bornes qui le délimitent, ne mérite-il pas désormais d'être reconsidéré comme une « première » plénitude ?

3- Le rythme.

De l'intervalle au rythme.

La culture japonaise éclaire autrement l'affectivité que ne le fait notre langue imprégnée d'influence cartésienne. A l'« humeur » française, peut (vaguement) correspondre l'*aïda* japonais, qui signifie « intervalle », temporel et/ou spatial. Il est intriguant de constater la récurrence de cette structure d'intervalle à divers moments de notre exposé : ici comme structure de l'affectivité, là comme silence ressourçant la *parole parlante* (pour Marcel Proust « *ce sont les passions qui esquissent nos livres, le repos d'intervalle qui les écrit* »[144]), et enfin comme visée chez Merleau-Ponty qui énonce qu'« *il faut passer de la chose (spatiale ou temporelle) comme identité, à la chose (spatiale ou temporelle) comme différence) [...]* »[145].

Dans le champ de la *parole parlante* de l'écrivain, Maurice Blanchot considère que « *l'œuvre donne voix, en l'homme, à ce qui ne parle pas, à l'innommable, à l'inhumain [...]* »[146], « *au murmure de l'incessant et de l'interminable* »[147]. Et il continue : à ce « *murmure de l'incessant et de l'interminable, [...] il faut **imposer** silence, si l'on veut, enfin, **se faire entendre**.* » Cette prescription paradoxale évoque l'écriture musicale, dans laquelle les silences (pauses, soupirs...) sont des durées temporelles placées entre les notes

---

[143] *Idem*, p. 229.
[144] M. PROUST, *Le temps retrouvé* Gallimard, 1989, p. 214.
[145] VI, notes de travail, p.246
[146] EL, p.309.
[147] EL, p.51

et fondant le rythme qui, lui, est finalement l'un des éléments « audibles » de la musique (avec la mélodie et l'harmonie). Si bien que nous nous demandons si Maurice Blanchot ne considère pas l'écriture comme la création d'une différence, la mise « en ébullition » d'un monde pré-langagier par l'instauration d'un rythme.

Dans l'expérience psychiatrique, les considérations sur le rythme sont complices de l'affectivité, puisqu'elles sont développées dans le champ des troubles de l'humeur, ce qui vient prolonger la polysémie de l'*aïda* japonais (« humeur » et « intervalle »). Hubertus Tellenbach propose, avec la notion d'*endon*, une alternative « étiologique » à la somatogenèse et à la psychogenèse héritées de la tradition cartésienne.[148] L'*endogenèse*, ou plus précisément *l'endo-cosmo-genèse*, permet une compréhension phénoménologique du développement des processus mélancoliques. Nous souhaitons souligner deux points susceptibles de résonner avec notre cheminement.

Tout d'abord, Tellenbach, en référence à Kunz, distingue deux « types » de contenus signifiants : les premiers sont dits *intentionnels*, les seconds *vitaux*. Une variante de ces derniers, nommés *contenus signifiants du situationnel* sont repérés comme entretenant un rapport étroit avec l'état d'humeur fondamental, qui permet seul d'en expliquer la signification.[149] D'un intérêt considérable pour l'approche clinique des patients mélancoliques, puisqu'ils permettent de situer la survenue des épisodes dépressifs dans une compréhension globale cohérente du *Dasein* des malades, ils semblent pouvoir s'apparenter à des contenus signifiants *pré-thématiques*.

Par ailleurs, parmi les caractères de l'*endogène* (global, réversible, lié à la maturation, lié à une empreinte héréditaire), c'est la rythmicité qui apparaît de la façon la plus frappante. Le rythme, glissant des évènements naturels aux évènements culturels, est décrit par Tellenbach comme « *la forme fondamentale de l'histoire vitale.* »[150]

C'est à l'échelle du *moment présent* en psychothérapie que Stern souligne cet entrelacs du rythme et de l'affect, renouvelant, avec la notion d'*affect de vitalité*, le sens de ce mot. Alors que Darwin a donné une vision presque purement qualitative de l'affect, dans une perspective principalement statique et innée, et Freud une vision surtout quantitative et économique ; Stern prend en compte les courbes temporelles quant à l'intensité et aux

---

[148] « La nature de l'*endon* est *transsubjective et de ce fait métapsychologique, transobjective et de ce fait métasomatologique* ; mais *l'endon se manifeste* psychiquement et physiquement. », H. TELLENBACH, La mélancolie, PUF, Paris, 1979, p. 93.
[149] *Idem*, p.84-86.
[150] *Idem*, p. 42.

variations d'intensité du style interactif, qu'il a pris l'habitude d'observer dans la relation mère-bébé. La notion *d'accordage affectif* rend compte du partage intersubjectif entre une mère et un nourrisson sans langage : la mère reproduit l'intensité, le rythme, la forme de l'expérience affective du bébé, en la transposant dans une autre modalité sensorielle (par exemple un mouvement en réponse à une vocalisation). Dans *l'affect de vitalité* de Stern, plaisir et déplaisir se trouvent donc liés aux conditions rythmiques de la tension et de la décharge.

L'intervalle prenant « vie » dans la *parole parlante* littéraire ou dans l'affectivité humaine se transforme en rythme. Maldiney est l'un des auteurs qui a accordé au rythme une place fondamentale dans sa réflexion, puisqu'il est à l'origine d'une conception de l'expérience esthétique comme effet d'un rythme.[151]

Le rythme dans l'expérience esthétique.

Maldiney considère que l'art ménage à l'homme un séjour dans l'*Ouvert*, qui semble correspondre à ce qui, dans le vocabulaire de Merleau-Ponty, se nomme le *Lebenswelt non thématisé*, ou dans le vocabulaire d'Erwin Straus, le *sentir*. Il s'agit d'un registre d'expérience où nous sommes une simple position, un « il y a » en-deçà de la connaissance. Sans cette position de « foyer », l'*Ouvert* ne serait que perdition et errance, dissolution de soi. Ainsi, quand Marcel Proust vit des réminiscences, dans le goût de la madeleine ou le pavé inégal, il remarque qu'il lui est salutaire de rester « amarré » à un ici et un maintenant, sans quoi, dit-il, «*je crois que j'aurais perdu connaissance ; car ces résurrections du passé[...] forcent [...] notre personne tout entière à se croire entourée par eux [des lieux lointains], ou du moins à trébucher entre eux et les lieux présents, dans l'étourdissement d'une incertitude pareille à celle qu'on éprouve parfois devant une vision ineffable au moment de s'endormir.*»[152]

L'instant de la création est nommé, par Maldiney, « *moment cosmogénétique* »[153] : l'artiste rend compte du « foyer » qu'il est, en instaurant un point d'origine à l'œuvre. Il transmet à l'œuvre la vibration de l'*Ouvert* sans l'émousser.

Cette description de l'instant de création de l'artiste peintre résonne avec le description que Maurice Blanchot fait de la création littéraire. L'écrivain, lui aussi, est fasciné par un

---

[151] H. MALDINEY, « L'esthétique des rythmes », 1967, in *Regard Parole Espace*, Ed l'Age d'Homme, 1994.
[152] M. PROUST, *Le temps retrouvé*, Gallimard, 1989, p.181.
[153] H. MALDINEY, « L'esthétique des rythmes », *op. cit.*, p.151.

« point » où le langage serait errance absolue (bruissement signifiant sans signification). Sa tension vers ce point est le moteur de la création littéraire, mais ce n'est qu'en maintenant un écart vis à vis de ce point que l'œuvre peut *être*, et ne pas se dissoudre dans un « *murmure interminable* ».

L'« *écart à ce point* » de l'écrivain et « *le saut dans l'Ouvert* » du peintre, semblent rendre compte d'un même processus. Et là où nous avions interprété les mots de Maurice Blanchot comme l'invitation à entrer dans un rythme, Henri Maldiney formule clairement que « *cette origine instaurée dans un saut, c'est le rythme* », « *dans le rythme, l'Ouvert n'est pas béance mais patence.* »[154] L'étymologie nous renseigne bien sur la modification apportée par l'artiste en son acte créateur : *patere* en latin signifie « être ouvert » et contient une racine indo-européenne *pet* signifiant « se déployer ».[155] L'artiste reprend à son compte, assume d'être, un foyer dans l'*Ouvert*. L'*Ouvert* va se déployer dans son œuvre, éveillé à un certain ordre, rayonnant à partir du foyer.

On peut saisir la spécificité du rythme dans l'indication que Maldiney nous donne à propos de la **forme figurative** qui comporte deux « dimensions » : une dimension « *intentionnelle représentative* » qui fait l'**image**, et une dimension « *génétique rythmique* » qui fait la **forme**.[156] Ainsi, il s'agit de distinguer, encore une fois, un registre thématique d'un registre pré-thématique où le rythme agit comme élément d'une genèse transcendantale. Le rythme est qualifié d' « *essence de la forme* »[157], de « *Gestaltung* »[158] (forme en acte), de force qui « *dégage* » les objets « *de l'esprit de pesanteur* »[159], qui réalise la « *présence* » de la forme[160], qui donne sa « *structure* » au regard.[161]

Le rythme correspond à une idéalité : il donne les « *coordonnées* » de la genèse du mouvement.[162] Le terme « cordonnées » ne doit pas nous induire en erreur, le rythme intéresse le temps autant que l'espace, ou plutôt ce registre pré-thématique (de l'*Ouvert*) où le temps et l'espace ne sont pas distincts. Pour cette raison, Maldiney dit de l'artiste qu'il « *se contraint à l'impossible* » en voulant « *donner lieu* », dans l'œuvre, à notre « *inégalable présence* »[163], qui est sans lieu spatial puisque notre présence correspond

---

[154] H. MALDINEY, *Idem*, p.151.
[155] REY Alain dir., *Dictionnaire historique de la langue française*, Dictionnaires Le Robert, Paris, 1998.
[156] H. MALDINEY, « L'esthétique des rythmes », *op. cit.*, p.155.
[157] J-P CHARCOSSET et B. RORDORF, « Présentation », in H. MALDINEY, *op.cit.*, p.VIII
[158] H. MALDINEY, « L'esthétique des rythmes », *op. cit.*, p. 156.
[159] H. MALDINEY, « Le faux dilemme de la peinture : abstraction ou réalité », 1953, *op. cit.*, p. 18.
[160] H. MALDINEY, « L'esthétique des rythmes », *op. cit.*, p. 161.
[161] H. MALDINEY, « Tal Coat », *op. cit.*, p. 21.
[162] H. MALDINEY, *Idem*, p. 25.
[163] H. MALDINEY, « L'esthétique des rythmes », *op. cit.*, p. 152.

plutôt à une façon de « hanter » l'espace entre l'ici et l'horizon du paysage. Maldiney théorise ainsi les *invisibles* qui se donnent dans les œuvres picturales, comme les reflets, les ombres, les mouvements, qui ne sont nulle part réifiés, tout en étant bien là. Cette impossible chosification indique que leur signification n'était pas déjà « toute faite » avant que nos yeux se posent sur l'œuvre, finie et attendant d'être cueillie ; mais qu'elle éclôt dans notre regard même, qui est rencontre vivante avec le tableau. La vie qui se déploie dans l'expérience esthétique est, encore une fois, l'occasion de saisir quelque chose de notre rapport vivant au monde en général, dont la rencontre intersubjective en psychiatrie n'est qu'un moment individualisé particulier.

Conclusion de la partie II :

Comment penser l'identité dans la différence ?

Dans « *Le Temps retrouvé* », Marcel Proust évoque une série de moments vécus qui lui apparaissent comme lui ayant donné, à chaque fois, dit-il, « *une joie pareille à une certitude et suffisante sans autres preuves à me rendre la mort indifférente.* »[164] Parmi ces expériences, il se souvient de la vision d'arbres lors d'une promenade en voiture près de Balbec, de la vision des clochers de Martinville qui l'avait poussée à écrire un petit texte dans son enfance, de la saveur d'une madeleine trempée dans une tasse de thé, du trébuchement sur des pavés mal équarris devant l'hôtel de Guermantes, du tintement d'une cuiller contre une assiette et de la sensation du tissu de la serviette essuyée sur ses lèvres lors de l'attente dans le salon-bibliothèque de ce même hôtel. Ces deux dernières sensations lui fournissent l'occasion de rassembler toutes les expériences passées en un **type commun d'expérience**, où se révèle ce que nous avons nommé, avec Merleau-Ponty, « *l'invisible de ce monde* ».

Ce type d'expérience nous paraît avoir une structure typique, en ce qu'elle associe, dans une même sensation corporelle, deux « fragments » d'espace et/ou de temps.

Lors de l'approche du village de Martinville et de ses trois clochers lointains, nous assistons au ballet du déplacement des formes et des variations d'intensité lumineuse. Le « *plaisir* », l'« *ivresse* », l'« *enthousiasme* », qui envahissent le narrateur durant cette expérience, se résolvent dans l'écriture, et lui font dire « *je me trouvais si heureux [...] que comme si j'avais été moi-même une poule et si je venais de pondre un œuf, je me mis à chanter à tue-tête* ».[165] La lecture de ce texte nous emplit d'une sensation paradoxale : nous nous sentons **à la fois « ici »** dans la voiture, auprès d'un cocher peu disposé à causer, **et « là-bas »** avec les trois clochers, si vivants qu'ils sont personnifiés en « *silhouettes* » de « *jeunes filles* ».[166]

Bien plus tard, lors de ce faux pas devant l'hôtel de Guermantes, la félicité éprouvée se déploie **dans l'écart** temporel qui s'étend **entre un « maintenant » et un « passé »**, dans lesquels l'auteur se trouve **simultanément**, puisque ce faux pas le plonge dans l'atmosphère de son ancien séjour à Venise, où il avait trébuché sur deux dalles inégales du baptistère de Saint-Marc. Et cette fois **le temps** du présent **adhère à l'espace** de l'hôtel comme le temps

---

[164] M. PROUST, *Le Temps retrouvé, op cit.*, p. 174.
[165] M. PROUST, *Du côté de chez Swann*, Gallimard, 1954, p. 218.
[166] *Idem*, p. 218.

passé à l'espace de Venise. Si Julia Kristeva parle de temps « *hors-temps* »[167] pour décrire ces moments où la mort est indifférente à Marcel Proust[168], on pourrait tout aussi bien parler du dévoilement d'un « **hors espace-temps** ».

Julia Kristeva, considère que le ressort de l'écriture proustienne est une analogie originaire, une « *métaphore originaire* », un « *doublet* »[169]. Nous pouvons considérer qu'il s'agit là d'**une analogie dans une différence** : il y a identité entre le corps trébuchant ici-maintenant et le corps trébuchant ailleurs-avant. Cette identité renvoie à ce que nous avions repéré comme la réversibilité « toujours manquée » (la « non-coïncidence ») dans l'expérience du corps vécu. L'identité n'est, dit Françoise Dastur, « *ni réelle actuelle, ni idéale, c'est-à-dire posée par l'esprit ou la conscience, mais c'est une identité structurelle, celle d'un être qui peut avoir plusieurs dimensions justement parce qu'il n'est rien de positif.* »[170] Elle renvoie à un *invisible* « *de droit* » et non pas « *de fait* », à une latence de principe.

Le champ qui se révèle à Marcel Proust est hors de l'espace et du temps, considérés comme thématiques. Le trébuchement dévoile un invisible et un rapport du corps au monde jusque là silencieux, non thématisé. Nous avions défini la *chair* comme le « cycle entier » liant le *visible* et l'*invisible*. Marcel Proust ne nous fait-il pas emprunter le chemin de ce « cycle », en nous plongeant dans ce que Françoise Dastur dit être « premier » (par rapport à la conscience du temps), à savoir « *le tourbillon spatialisant et temporalisant de la chair dont le flux des Erlebnisse n'est que la schématisation* »[171] ?

Dans cette expérience, le sens n'émerge qu'à l'occasion d'une différence entre ce pavé-ci et ce pavé-là, ce qui soutient l'idée que « *le concept, la signification sont le singulier dimensionnalisé, la structure formulée, et il n'y a pas de vision de cette charnière invisible ; le nominalisme a raison : les significations ne sont que des écarts définis* »[172] et enfin permet de mieux nous faire comprendre cette définition de la transcendance comme « *identité dans la différence* ».[173]

Au terme de cette deuxième partie, nous nous demandons dans quelle mesure le rythme et la chair peuvent être comparés. L'étymologie même du rythme le place au carrefour de l'espace et du temps, puisque le *rhuthmos* grec se donne comme forme mouvante,

---

[167] J.KRISTEVA, « L'expérience du temps incorporé », in *Le temps sensible, Proust et l'expérience littéraire*, Gallimard, p. 231-245.
[168] M. PROUST se considère dans ces moments comme un « être extra-temporel », ne vivant que « de l'essence des choses », opus cité, p. 178.
[169] J.KRISTEVA, « Apologie de la métaphore », opus cité, p. 246-279.
[170] F. DASTUR, « Monde, chair, vision », in *Chair et langage, essais sur Merleau-Ponty*, Ed. Encre marine, 2001, p.101.
[171] *Idem*, p.103.
[172] VI, notes de travail, p. 286.
[173] VI, notes de travail, p. 274.

configuration changeante, conception adoptée par Maldiney qui le définit comme « *une transformation de l'espace-temps en...lui-même* »[174]. Ce rythme ne permettrait-il pas de penser les « coordonnées » de l'expérience proustienne, faisant revenir un « même » qui se transforme, entrelacé avec l'atmosphère d'un ailleurs lointain ? Cette définition mérite d'être confrontée à celle de la *chair* comme « *tourbillon temporalisant spatialisant* ».[175]

---

[174] H. MALDINEY, *Art et existence*, Klincksieck, 1976, p.183.
[175] VI, notes de travail, p. 293.

PARTIE III

A-Cas clinique : Madeleine.

L'exposé d'un cas clinique dans le déroulement d'un travail à point de départ théorique nous confronte à des difficultés méthodologiques. A première vue, il s'agit d'éprouver à la lumière de la clinique, la pertinence ou l'intérêt des questions soulevées jusqu'ici. Ce faisant, nous courons le risque de ne trouver que ce que nous cherchons, dans un raisonnement « tautologique » qui oublie qu'il éclaire la clinique de la lumière artificielle d'un regard qu'il a lui-même construit par voie réflexive. Il paraît plus rigoureux de considérer le cas clinique comme un point de départ, un commencement soulevant ses questions propres.

1-Biographie et histoire des troubles.

Madeleine vient au monde un printemps.[176] Assez tôt, ses parents remarquent qu'elle pleure dès qu'elle quitte les bras de son père ou de sa mère, elle a l'air de « *ne pas aimer les gens* », malgré leur souhait de la socialiser dans leurs familles nombreuses respectives. Des désaccords éducatifs importants surviennent, venant renforcer les conflits dans la relation de couple. Concernant la méthode d'endormissement, par exemple, la mère critique vivement la tendance du père à bercer sa fille dans ses bras. Elle-même montre une certaine sévérité, considérant qu'il faut habituer cette enfant à s'endormir seule, quitte à supporter de l'entendre pleurer quelques instants. Les disputes entre les parents de Madeleine s'intensifient, les accès de colère se multiplient. Ils se séparent lorsque leur fille a onze mois.

A l'âge de 17 mois, Madeleine entre à la crèche. L'équipe remarque tout de suite que cette enfant se distingue des autres par un évitement relationnel : elle n'établit pas de contact visuel, elle se retire, solitaire et silencieuse, à l'écart des autres enfants, ne montre pas d'intérêt pour les jouets usuels. Par ailleurs, Madeleine ne marche pas encore, contrairement à la majorité des enfants de son âge. Ces observations les conduisent à convaincre la mère de faire réaliser un bilan pédiatrique, qui établit que Madeleine n'a aucun déficit auditif.

---

[176] Nous avons transformé les éléments biographiques, de façon à anonymiser ce récit clinique. Nous avons estimé que ce récit, même transformé, permettait d'évoquer le style d'une rencontre particulière, puis de déployer des hypothèses théoriques.

C'est vers 22 mois que Madeleine commence à marcher…sur la pointe des pieds. Elle est de nouveau orientée par l'équipe de la crèche, vers une rééducation kinésithérapique, qui permet de « résoudre » cette bizzarerie en quatre mois de soins.

L'acquisition de cette mobilité a pour effet d'ouvrir à Madeleine un champ d'activités multiples. On ne peut plus dire d'elle désormais qu'elle est une enfant « *trop sage* », cependant ses sources d'intérêt se révèlent surprenantes. Elle déambule beaucoup, s'intéressant toujours aussi peu aux jouets, mais manipulant les portes, les interrupteurs, ou à la maison, le matériel hi-fi. Sa mère note qu'elle est « *très ordonnée* », rangeant systématiquement son biberon dans le placard par exemple. Elle a un goût particulier pour la télévision, pouvant rester comme « hypnotisée » par l'image fixe d'un écran de veille, et les « livres musicaux » dans lesquels elle se plonge. Elle apprécie d'aller rendre visite aux voisins, qui ont un chien qu'elle aime pousser, pincer. En revanche, les autres enfants ne l'intéressent guère. Elle prend aussi l'habitude de jouer à « cache-cache » avec sa mère, qui souligne qu'il s'agit d'un de leurs moments privilégiés, Madeleine semble adorer être plongée dans l'obscurité d'une pièce. Cette complicité se manifeste également après le bain, quand Madeleine est enduite de crème : c'est alors la seule occasion où elle se laisse caliner par sa mère. La mère remarque que sa fille a des réactions de panique à des occasions particulières : lorsqu'elle fait une marche arrière en voiture, ou lorsque quiconque a une conversation téléphonique devant elle. Ses pleurs et ses cris ne cessent qu'à l'arrêt de la conversation ou à la reprise d'un mouvement de la voiture vers l'avant.

Madeleine mange bien, dort bien, mais il semblerait qu'à plusieurs reprises sa mère l'ait découverte éveillée, calme et silencieuse, dans son lit, n'ayant lancé aucun appel à sa sortie du sommeil.

A 2 ans et quelques mois, Madeleine est conduite au Centre Médico-Psychologique par sa mère qui s'inquiète d'une absence de langage et d'un évitement du regard. Elle se sent « *ignorée* » par sa fille, ou même « *rejetée* » puisque Madeleine donne des « *coups de poing* » en riant lorsqu'elle insiste pour lui faire répéter des mots.

A cette date, Madeleine et sa mère vivent ensemble. Madeleine voit son père régulièrement, plusieurs fois par semaine.

Pendant toute la durée de notre première rencontre, Madeleine, sautillante et joyeuse, déambule et manipule avec agilité certains objets, gribouille avec force des feuilles de papier. Elle évite très franchement de rencontrer le regard, le mien comme celui de sa mère. Sans doute est-ce ce qui, par contraste, donne toute sa profondeur à ce dernier moment de la séance, où, me tournant vers elle, je lui propose que nous nous voyions sans sa mère la prochaine fois : elle plonge alors en moi un regard direct, intense, prolongé, qui me donne d'emblée le sentiment d'un partage d'expérience possible.

Nous nous sommes rencontrées deux fois par semaine pendant environ 4 mois, alternant des séances avec et sans sa mère.

2-Une séance typique.

Dès que Madeleine entre dans le CMP, elle manifeste sa présence par des hurlements. Je descends de l'étage où se trouve mon bureau vers la salle d'attente, où Madeleine est retenue de force dans les bras de sa mère. Quand j'apparais, les hurlements cessent et elle se précipite dans l'escalier, avec son « doudou » (lapin en peluche), tandis que je dis bonjour à sa mère. Je la rejoins, elle accepte que je l'aide à monter en lui tenant la main et nous entrons dans le bureau. Elle manipule l'interrupteur une fois, éteignant puis rallumant la lumière, en riant. Elle ouvre la boite de pâte à modeler, la vide de son contenu, puis la remplit et la referme. Elle manipule l'interrupteur une nouvelle fois, en vocalisant des sons inarticulés. Puis, elle se met calmement à tracer des formes sur une feuille de papier, avec des feutres de couleurs différentes, qu'à chaque fois elle recapuchonne et range méticuleusement. Elle va ouvrir puis refermer la porte du bureau, manipuler encore une fois l'interrupteur. Elle ouvre la porte du placard à jouets et en sort des ustensiles de cuisine qu'elle dispose sur sa petite table. Elle se dirige vers « ma » table, semble vouloir quelque chose, ce qu'elle manifeste en geignant. Elle saisit ma clé et essaye de l'utiliser sur la porte du bureau. Elle sort du bureau, va manipuler les interrupteurs se trouvant dans le couloir. Après un certain temps, je lui demande de revenir, ce qu'elle fait. Elle esquisse un geste d'effleurement rapide (de son ventre, d'une assiette, d'un tabouret, de la porte) en me regardant avec un air sombre. Elle sort une nouvelle fois, revient. Elle « fait semblant » de manger avec les ustensiles de cuisine. Elle pose sur son oreille un jouet en forme de téléphone. Elle reprend les feutres, calme et concentrée. Elle s'empare des ciseaux qu'elle dispose visiblement, à gauche de son champ visuel, ouverts, maintenus dans sa main gauche, et place à droite de son champ visuel, sa main droite, les trois derniers doigts repliés, dégageant le pouce et l'index, tendus, formant un angle exactement superposable à l'angle formé par les deux branches ouvertes des ciseaux. Son regard, balaye de façon appuyée, l'espace entre ces deux angles. Elle range les feutres dans leur pot, se dirige vers le rideau et imprime un mouvement de balancier à la « manette » qui se met à disparaître derrière le rideau et ré-apparaître pendant quelques secondes. Elle explore certains recoins de la pièce, sort du bureau, m'y enferme. Revenue dans la pièce, elle sort et range plusieurs fois de suite les feutres du pot. Elle laisse une trace de feutre sur son « doudou ». Je lui dis que la séance va se terminer et nous sortons.

Il ne s'agit là que d'un compte-rendu très appauvri des principaux mouvements objectivables d'une rencontre typique avec Madeleine. Ainsi, une ébauche de décor est plantée pour des descriptions plus fines et des propositions théoriques. Bien que je ne l'ai pas retranscrit, à chacune de nos rencontres, je n'ai de cesse de lui parler, principalement pour lui communiquer mon étonnement et l'interroger sur ce qu'elle est en train de faire ; et les moments de la séance ont des durées et des intensités émotionnelles très inégales, auxquelles je participe plus ou moins…

3-Commentaire sémiologique.

Notons tout d'abord que cette enfant présente, dans les termes de la psychologie du développement, un **retard de langage**. Elle est le plus souvent silencieuse, émettant de rares sons inarticulés, comme [aa…], [mm…], [ae…], qui semblent relever du babil ou des lallations que l'on observe chez les enfants, grossièrement avant 18 mois. Elle n'utilise pas de geste déictique, mais tend son corps entier, en pleurnichant, en direction de l'objet qu'elle souhaite lorsqu'il est hors d'atteinte.

Il est un type de « jeu » qui occupe une place importante lors de nos rencontres, l'absorbant complètement pendant de longues minutes et se répétant de façon séquentielle. Déclinés selon des formes diverses, il s'agit d'une mise en **mouvement**, créant l'**alternance de la présence et de l'absence** ou du plein et du vide. Les portes (celle du placard à jouets et celle du bureau, où elle m'enferme) sont ainsi ouvertes/fermées de façon répétée ; la manette du rideau est balancée, dans un mouvement qui la fait disparaître derrière le rideau puis réapparaître ; les jouets et les feutres sont sortis puis replacés dans leurs récipients plusieurs fois de suite ; enfin l'interrupteur est actionné à plusieurs reprises, éclairant et assombrissant tout l'espace de la pièce (je reviendrai sur cette dernière expérience, qui semble se détacher des autres en ce que j'étais invitée à la partager). Ces activités ne sont pas sans évoquer le jeu de la bobine que Freud a observé chez son petit fils âgé de 18 mois, qui criait O-O-O (*fort* : loin en allemand) lorsqu'il la jetait, puis saluait d'un joyeux *da* (voilà) sa réapparition lorsqu'il tirait le fil.[177] Pour Freud, il y avait un rapport entre la manipulation répétitive de la bobine et la survenue des départs et retours de la mère de l'enfant que ce jeu, en quelque sorte, mettait en scène ; ce qui témoignait d'une aptitude à se représenter l'absence.

Dix-huit mois est l'âge charnière entre ce que Piaget a nommé le *jeu d'exercice sensori-moteur* et le début des *jeux symboliques*. Les premiers appartiennent à la *période* préverbale de *l'intelligence sensori-motrice*, les seconds à la *période pré-opératoire* (2 à 6 ans) qui marque l'accès à ce que Piaget nomme la *fonction symbolique*, c'est à dire « *la capacité d'évoquer des objets ou des situations non perçues actuellement en se servant de signes ou de symboles* » par le langage, l'imitation différée, le dessin, le jeu symbolique.[178] Certains auteurs considèrent cependant que les jeux du type du « fort-da » apparaissent chez des enfants bien plus jeunes que 18 mois.[179]

Madeleine a, en outre, des **jeux symboliques** typiques. Le plus fréquent consiste à « faire semblant » de manger ou de me donner à manger : elle dispose soit des ustensiles de cuisine en plastique, soit d'un quelconque objet long (feutre, pinceau) pour servir de couvert et d'un quelconque objet creux (pot de pâte à modeler) pour servir de récipient. Elle mime également le geste de téléphoner avec un jouet-téléphone ou avec le « vrai » téléphone du bureau, qu'elle semble préférer. Enfin, elle tente à plusieurs reprises, d'utiliser ma clé pour fermer une porte, celle du bureau ou celle du placard.

J'ai pu apprendre par la mère de Madeleine que sa fille a des objets de prédilection se succédant par périodes de quelques semaines. Durant la periode où j'ai rencontré cette enfant, une « peluche musicale » a été relayée par un livre que, par la suite, Madeleine s'est mise à utiliser comme une invitation relationnelle à l'égard de sa mère, qui désormais devait lui relire l'histoire, maintes fois, avec la même prosodie et les mêmes mimiques, pour que sa fille jubile (cet exemple illustre bien l'évolution de l'interaction entre Madeleine et sa mère). Par ailleurs, Madeleine a « *depuis toujours* » un lien intense avec une peluche molle, offerte par son père, nommée « doudou », nécessaire à son endormissement, qui évoque l'**objet transitionnel** décrit par Winnicott. A cette peluche, communiquant une certaine « vitalité » par sa capacité de mouvement, devait être assurée une continuité d'existence dans le temps : la mère explique bien la nécessité de l'emporter dans tout déplacement, ainsi que l'impatience de Madeleine, à la fin d'une journée de crèche, à récupérer le doudou

---
[177] S. FREUD, « Au-delà du principe de plaisir », in *Œuvres complètes*, vol. XV, 1916-1920 PUF, Paris, 1996, pp 284-288.
[178] D.MARCELLI, *Enfance et psychopathologie*, Masson, 1982, p.22.
[179] A. CICCONE les décrit déjà vers 8 ou 9 mois, « L'expérience du rythme chez le bébé et dans le soin psychique », in *Neuropsychiatrie de l'enfance et de l'adolescence*, 53, 2005, p. 26.

laissé, réglementairement, dans un placard. Pour Winnicott, les phénomènes transitionnels sont les indices observables, pour un regard d'adulte, d'un registre d'expérience enfantin assurant une transition vers la *réalité partagée*. Les *objets transitionnels* n'appartiennent ni au corps du nourrisson (à la différence du pouce sucé), ni à la « réalité extérieure » (au même titre qu'un jouet) ; ils ont un statut paradoxal, transitionnel, entre ces deux possibles. Selon Winnicott, le premier stade du développement est conditionné par la capacité qu'a la personne maternante de s'adapter aux besoins du nourrisson, permettant ainsi à celui-ci d'avoir l'illusion qu'il crée ce qui existe. Si l'objet transitionnel a une «réalité extérieure » (bout de tissu, chanson, geste), il est cependant soumis à une exclusivité possessive telle qu'il a quasiment « la permanence de notre côté » qu'a notre propre corps ; cependant il n'a pas le statut d'objet « interne », ou « moi » puisqu'il est utilisé comme une possession réelle « non-moi ». Cet objet témoigne d'une aire d'expérience qui permet le déclin de l'illusion d'omnipotence vers l'adaptation à la réalité partagée. Le paradoxe que réalise cet objet n'est pas voué à être résolu, mais à être vécu et accepté en tant que tel, évoquant une *dialectique sans synthèse*, ou un *chiasme* du « moi » et du « non-moi ». Selon Winnicott, cet objet a une valeur symbolique, venant « à la place de » l'environnement maternant, tout en ayant une existence effective. Il incarne une expérience absente (dans la solitude de l'endormissement par exemple), tout en ayant une présence effective quasi-continue, rendant possible « *le processus qui conduit l'enfant à accepter la différence et la similarité* ».[180]

Winnicott est peu enclin à fixer des catégories d'âge[181], ce que nous interprétons comme le signe d'une démarche d'ordre phénoménologique, non classificatoire, à laquelle il est temps que nous revenions dans l'étude de ce cas clinique. En effet, le détour par les « standards » du développement n'ont été là pour nous que l'occasion de noter que Madeleine déploie devant nous un éventail de comportements qui nous la montrent plus ou moins proche de l'utilisation de la parole, qu'elle frôle quand elle salue du geste du « bravo » un événement heureux ; ou qu'elle semble préparer, de plus « loin », quand elle traîne son doudou avec elle lors d'une consultation. Mais cette dernière formulation relève encore d'une pensée causaliste, déroulée dans un temps empirique, qui pré-suppose un « accomplissement » prenant départ dans une expérience définie en négatif, le non-langage, vers le langage adulte, en passant par une zone de transition dont l'intérêt est presque réduit à celui d'un

---

[180] D.W. WINNICOTT, *Jeu et réalité*, Gallimard, p.14.
[181] « *Le modèle des phénomènes transitionnels apparaît me semble-t-il, du quatrième, sixième, huitième au douzième mois. C'est à dessein que je laisse place à de grandes variations* », *Ibid*, p. 12.

pivot, alors que tout l'effort de Winnicott est de montrer que cette aire transitionnelle d'expérience existe pour l'adulte aussi, d'une certaine manière.

B-Penser avec son corps, en rythme avec le monde.

L'essence surgissant du corps.

Le jour où Madeleine dispose, devant elle, les ciseaux et ses propres doigts, puis souligne, par les va-et-vient de son regard, l'angle qu'ils ont en commun, elle me donne à voir quelque chose de l'ordre d'un *invisible* de ce monde visible. Me tenant à côté d'elle, l'**essence de l'angle**, se dessine dans mon regard qui suit (ou accompagne) le sien. Cette abstraction géométrique qui surgit, en dehors de toute parole, dans un moment de concentration calme et silencieuse, me surprend car je ne voyais ces ciseaux, depuis de longues semaines de manipulations curieuses effectuées par Madeleine, que dans leur ustensilité évidente d'un monde d'habitudes, comme outil pour couper (si bien que le commentaire principal que je me faisais jusque là était qu'elle ne « savait pas » s'en servir.) Nous pouvons penser que ce moment où l'*invisible* de l'angle s'est manifesté, témoigne d'une sorte de « pensée corporelle », se produisant hors de la parole, et donnant à voir des idées sensibles, telles que celles rencontrées par Marcel Proust.

De cette identité qui survient dans la différence entre deux « objets », il semble impossible de décider si elle est de l'ordre d'une forme ou d'une idée. Cette expérience suggère peut-être que ces deux notions, distinctes dans le langage, sont archaïquement entrelacées ? Cet *invisible* surgit, en tout cas, dans un mouvement d'allers-retours répétés entre les deux « objets », du cœur d'un intervalle tracé par l'oscillation de nos regards. Le « lieu » de l'intervalle entre les ciseaux et les doigts, semble avoir permis la mise à jour d'un paradoxe : voir une identité dans une différence. L'**intervalle** prend alors une **plénitude paradoxale**, devenant, dans un même mouvement, ce qui relie et ce qui sépare. Quelle place attribuer à l'intervalle dans la pensée de cette enfant ?

L'intervalle, la pensée et le langage.

Marcelli, après une relecture critique des pré-supposés de la pensée psychanalytique héritée de Freud[182], formule l'hypothèse que la « **première pensée** » du bébé correspond à

---

[182] D. MARCELLI, « De l'hallucination d'une présence à la pensée d'une absence », in *Psychiatrie de l'enfant*, n°2, 1985. L'auteur critique les conceptions habituelles de la psychanalyse génétique qui, à partir de

l'**investissement de l'intervalle temporel**, abstraction qui se donne au nourrisson dans l'expérience des rythmes temporels de son existence. Marcelli distingue les *macrorythmes*, qui correspondent aux séquences rituelles de soins dispensés par la personne maternante (repas, langes, bain, sommeil), des *microrythmes* caractérisant, sur le plan temporel, des séquences interactives brèves entre l'enfant et la personne maternante, en particulier dans des contextes ludiques. Les *macrorythmes* seraient, par leur prévisibilité caractéristique, à l'origine d'un sentiment de sécurité fondamentale. Les *microrythmes* seraient l'occasion, dans une atmosphère sécurisée par les *macrorythmes*, d'introduire le goût de la surprise et de l'inattendu, en rendant la tromperie à la règle tolérable : on en trouve le prototype dans les jeux de chatouilles, où le plaisir surgit d'un minuscule geste imprévisible (ce type d'expérience semble se réaliser lors du moment « privilégié » survenant entre Madeleine et sa mère après le bain). Par l'expérience d'une organisation rythmique de l'existence, la première pensée du bébé serait alors une pensée sur le temps, ou plus précisément sur la succession, du type « Après ça, il y aura autre chose », que cette attente soit par ailleurs confortée dans le *macrorythme*, ou déroutée dans le *microrythme*. Le privilège du *microrythme* serait de permettre un investissement de l'inconnu, et serait donc à l'origine d'une forme élémentaire de créativité. Si bien que pour Marcelli, la pensée naît précisément « *du rythme d'opposition dialectique entre « indices de qualité »* [fournis par les *macrorythmes*, et permettant sur le plan cognitif, l'émergence de la mémoire] *et « degré de divergence »* [introduits par les *microrythmes*] ».[183]

Dans l'œuvre de Winnicott, on trouve aussi la notion d'un environnement maternant indispensable à l'établissement d'un sentiment de continuité vitale (nommé *intégration* et permis par le *holding* maternel) au stade de dépendance absolue des premiers mois de la vie, et permettant le développement de l'illusion d'omnipotence du bébé. La monotonie réalise le contexte qui permettra à l'enfant de découvrir les nouveautés du monde, présentées par la mère. Plus tard, à l'époque où la mère « guérit » de l'état de *préoccupation maternelle primaire,* elle se désadapte graduellement des besoins immédiats de l'enfant, ce qui le contraint à éprouver un début de désillusion. Des manquements discrets, trompant l'attente du bébé, existaient cependant depuis toujours, le préparant, selon Winnicott, au monde de la communication par la « *défaillance de la fiabilité* »[184]. Ainsi, à partir d'un état de « fusion » initiale avec la mère, peut émerger ce que nous avons décrit précédemment

---

l'hypothèse de Freud sur la réalisation hallucinatoire d'un désir, en vient à émettre l'hypothèse d'une hallucination de l'objet absent de satisfaction du désir.
[183] D. MARCELLI, « Le rôle des microrytmes et des macrorythmes dans l'émergence de la pensée chez le nourrisson », in *Psychiatrie de l'enfant*, n°1, 1992, p. 78.
[184] D. W. WINNICOTT, « Communication between infant and mother, mother and infant, compared and contrasted" in *What is psychoanalysis?*, 1968.

comme l'aire de l'illusion, aire de paradoxe où l'enfant est en transition vers la réalité partagée, c'est-à-dire, vers une expérience où il distinguera le « moi » du « non-moi ». C'est dans la culture, entendue dans un sens très large par Winnicott, que cette aire de l'illusion se répandra ultérieurement, chez l'adulte.

Les hypothèses de Marcelli et Winnicott se rejoignent dans la description d une **dialectique de l'identité** (le rituel) **et de la différence** (la surprise, la tromperie, le manquement), qui serait le mouvement originaire de la pensée, pour le premier, et de la créativité humaine, pour le second. Dans ces considérations, bien que nous soyons assurément en deçà de l'expérience parlante, sommes nous en-deçà du langage ? Dans une perspective structurale, rappelons-nous que la langue consiste en un système de différences sans termes absolus. Pour Saussure, l'écart entre les phonèmes et entre les lexèmes, est la seule réalité de la langue qui est ainsi sans « substance », ni physique, ni mentale. Sans décider si Madeleine est déjà ou pas encore dans le langage, insistons simplement sur la corporéité qu'elle manifeste, qui est pour nous la tentation de relier le système de différences du langage (ou de la pensée) à l'expérience du corps.

Le jeu, la pensée et le langage.

Parce que les gestes de Madeleine laissent, en creux, une telle place à l'abstraction, nous avons jusqu'ici mis le mot « jeu » entre guillemets, pour souligner que, dans ces manipulations, elle pensait plus qu'elle ne jouait Une telle précaution syntaxique dénote cependant d'une acceptation restreinte du terme « jeu » (et d'une acceptation cartésienne du terme « pensée »), en accord avec l'idée de Piaget, qui considère que le jeu de l'enfant ne se prolonge chez l'adulte que dans le rêve, distinguant, sans recouvrement possible, l'expérience diurne « sérieuse » de l'expérience fantaisiste du rêve et du jeu. En revanche, il nous semble que l'aire transitionnelle décrite par Winnicott est la métaphore spatiale d'un registre d'expérience quotidienne, naturelle, dans lequel nous nous éprouvons comme « pris par » ou « engagé dans » un monde fait de culture sédimentée, un monde dont nous ne nous distinguons pas aussi nettement que dans la pensée réflexive ; ce registre d'expérience fonctionnant selon la forme fondamentale du jeu auquel nous participons sans réfléchir, et avec plaisir[185]. Le jeu libre (*playing* par opposition à *game*, qui est un jeu réglé) est une

---

[185] « *Ainsi que faisons-nous lorsque nous écoutons une symphonie de Beethoven, que nous allons en pèlerinage dans une galerie de tableaux, que nous lisons au lit* Troïlus et Cassida *ou que nous jouons au tennis ? Que fait un enfant, assis par terre, qui s'amuse avec ses jouets sous le regard attentif de sa mère ? Que fait un groupe d'adolescents participant à une séance de pop ? Il ne suffit pas de dire . que faisons-*

modalité d'expérience universelle fondamentale (considérée par hypothèse comme la trace de la créativité primaire du nourrisson omnipotent) sur lequel reposerait le sentiment que « *la vie vaut la peine d'être vécue* ». Dès lors, il n'est pas absurde de considérer le jeu comme une forme de pensée[186].

L'étymologie, elle, nous indique une parenté du langage et du jeu, puisque « jeu » est issu du latin *jocus* « jeu en paroles, plaisanterie », rapproché de mots indoeuropéens désignant la parole, tels le moyen gallois *ieith* « langue », l'ancien haut allemand *jehan* « prononcer une formule ».

Madeleine et le rythme.

Dans la pensée-jeu corporelle de Madeleine, il existe des séquences de relations aux objets que l'on pourrait décrire comme rythmiques : des gestes répétitifs, soumettant les objets à des oscillations. Dans les moments les plus paisibles, elle imprime elle-même un rythme au monde, le plus souvent en semblant ne pas tenir compte de ma présence (d'autres phénomènes surviennent dans des moments de détresse, que nous décrirons plus loin). Si nous maintenons le mot *rythme* pour décrire les comportements de Madeleine, il faut l'élargir à une dimension spatiale : ses gestes frappent autant par leur temporalité, que par leur spatialité (balancement de la manette du rideau, oscillation du regard, déplacements dans le bureau et hors du bureau…). Avec Marcelli, nous avons entendu le rythme comme donnant forme à l'idée de l'intervalle de temps. Pouvons-nous considérer qu'une forme d'expérience rythmique, là « avant » tout ce que nous pouvons en dire, façonne notre accès au monde, « avant » que ne se séparent réflexivement l'espace et le temps ? Ainsi le rythme nous ferait éprouver l'idée de l'intervalle, non pas engagé dans une détermination temporelle, mais de l'intervalle « tout-court », au sens de l'*aïda* japonais, « antérieur » (au sens d'un passé transcendantal) à la distinction de l'espace et du temps. Une telle hypothèse permettrait de rejoindre la conception du rythme de Maldiney, et trouverait peut-être un argument dans cette étrange résonance du comportement de Madeleine avec ce vœu de Cézanne qui, à propos du style, parlait d'« *unir des courbes de femmes à des épaules de collines* »[187]. En effet, que faisait en ma présence cette enfant, si ce n'est unir des branches de petite fille à des doigts de ciseaux ?

---

nous ? Il faut aussi poser la question : où sommes-nous (si nous sommes vraiment quelque part) ? », D. W. WINNICOTT, in *Jeu et réalité*, Gallimard, p.146.
[186] L'étude de l'œuvre de Gadamer serait indiquée pour approfondir les questions relatives à l'expérience du jeu.
[187] Cité par H. MALDINEY, in *Regard, Parole, Espace*, p.19

C-Le rythme de la psychothérapie et le travail dans le style.

Le « sens » des gestes.

Madeleine m'a appris qu'il existait pour elle une espèce de « codage significatif affectif » de l'espace. Au cours de notre troisième rencontre, j'ai soudain été habitée par une mise en abîme réflexive de ma propre attitude : je me suis demandée, tout à coup, à constater la constance et la force avec laquelle elle évitait mon contact, si je ne parlais pas trop, si je n'étais pas d'une certaine manière envahissante pour elle. Je me suis alors, d'un même mouvement, tue et reculée, m'appuyant sur le dossier de ma chaise, alors que j'avais jusque là le buste penché en avant. Sa réaction a été immédiate : elle s'est effondrée en larmes, dans une détresse qui a décomposé toute sa mimique et sa posture, et est venue se blottir contre moi ; ce qui a dû provoquer de ma part un ajustement réflexe de mon corps pour l'entourer et la soutenir. Ceci s'est déroulé en un temps très bref, de trois à quatre secondes, à la suite duquel elle a continué à s'affairer comme s'il ne s'était rien passé. Plus tard au cours de la même séance, je me suis emparée du téléphone-jouet que j'ai posé, en disant « allo », contre mon oreille, ce qui a provoqué chez elle le même effondrement. Ne peut-on pas considérer qu'il y avait là une signification affective, dans le sens de l'effondrement thymique, associée au mouvement de recul du monde ou à la découverte d'une profondeur du monde? Telle hypothèse permettrait de rassembler sous une même « direction de sens » ces moments de panique, décrit par la mère de Madeleine, lors des marches arrière en voiture, ou des conversations téléphoniques, dans lesquelles on peut peut-être percevoir un « recul relationnel » ou la mise à nu d'une profondeur invisible vis-à-vis de celui qui ne participe pas à la conversation.

Plus tard, elle m'a donné à voir un geste assez étrange : avec le bout de ses doigts, elle effectuait une sorte de petit effleurement, très rapide, de diverses surfaces (son ventre, la table, le mur, les feutres), tout en me regardant avec un air sombre. Mon impression s'est accordée avec celle de sa mère, qui m'a dit qu'elle faisait ça « *quand elle n'était pas contente* ». Effectivement, Madeleine s'est mise à utiliser ce geste systématiquement après que je lui ai opposé un quelconque refus. Ce geste invite à une série de questions non résolues : comment se fait-il qu'il ait été appliqué indistinctement à son propre corps et aux objets du monde ? Comment décrire spatialement ce geste, qui semble être autant un accès à la chose qu'un retrait, tant l'effleurement est fugace ; comme s'il réalisait un geste « impossible » et paradoxal d'approche et d'éloignement entremêlés ?

La manipulation de l'interrupteur, enfin, donnait lieu à un moment de joie auquel j'étais invitée à participer : typiquement, la lumière était éteinte et allumée plusieurs fois de suite, Madeleine regardant l'ampoule en riant, puis venait me « chercher » d'un regard très direct et d'un petit pas sautillant esquissé dans ma direction. Des jeux autour de la présence et de l'absence, il s'agit du seul qu'elle partageait. Peut-on envisager que la lumière, répandant ses rayons dans la pièce, nous enveloppait ensemble, prescrivant alors un partage d'espace « atmosphérique » ou « thymique » que Madeleine ne pouvait éviter ? Peut-on imaginer que le contrôle de la luminosité procurait à cette enfant une impression de maîtrise du rythme du monde, à travers la succession du jour et de la nuit ?

Ces trois exemples montrent à quel niveau notre communication s'est située. Elle existait indéniablement, mais était principalement de l'ordre de la compréhension dans le style et la signification affective.

L'entrelacs de l'implicite et de l'explicite.

La mère de Madeleine m'a appris qu'un tel registre « stylistique » pouvait être opérant en soi, pour une personne qui accède aussi à la communication explicite et thématique. Alors qu'elle m'avait dit, au début du suivi, qu'à la naissance de sa fille, elle l'avait « *mise à son nom* », employant une tournure propice à évoquer les biens dont on est propriétaire ; par la suite, m'expliquant que sa relation avec sa fille était en train de changer, elle a commenté : « *maintenant, je fais comme vous m'avez dit, je lui parle.* » J'ai été surprise de cette phrase, car je n'avais jamais énoncé une telle chose. J'ai découvert à cette occasion non seulement que la mère de Madeleine ne l'avait pas considérée jusqu'ici comme une interlocutrice, mais aussi que l'effet le plus spectaculaire du travail mené résidait peut-être dans un registre implicite, irréfléchi, aspécifique de l'atmosphère de nos rencontres. Dans le même ordre de changements, j'ai cessé de regretter le fait de n'avoir pas pu rencontrer « en personne » le père de Madeleine (qui n'est pas venu au CMP, malgré deux courriers lui demandant son avis et son aide), quand j'ai réalisé qu'il avait été représenté d'une certaine façon dans le travail avec Madeleine et sa mère (à travers l'intention de mes lettres ? ou à travers son absence même, rythmant la présence maternante ?) : pour la première fois de sa vie, en avril, Madeleine fut en effet confiée pendant une nuit à son père. Il semble que cela ait nécessité un remaniement de la confiance fondamentale de la mère de Madeleine, si l'on se souvient de sa difficulté à « abandonner » le sommeil de sa fille aux bras de son compagnon lors de leur vie commune.

Rythme et psychothérapie.

Qu'en est-il de la dialectique de l'identité et de la différence dans le processus même de la psychothérapie ? Sur un plan temporel, la distinction entre *macrorythmes* et *microrythmes* semble tout à fait pertinente : la répartition fixe des séances hebdomadaires assuraient une forme ritualisée du cadre de nos rencontres, tandis qu'au cœur de chaque rencontre des « moments présents » devenaient des foyers de surprise. A titre d'exemple, alors que Madeleine venait d'effectuer un bizarre mouvement des mains, qui ne semblait pas avoir de valeur communicative, je l'ai interpellée, refaisant à peu près le geste, et lui demandant si elle savait qu'il faisait partie de la chanson « Ainsi, font, font, les petites marionnettes... ». Ce commentaire a semblé l'interloquer, puis elle s'est détendue dans un sourire.

Mais c'est surtout dans l'espace, qu'il s'est produit un nouage paradoxal de l'identité et de la différence. J'ai noté, dès le début de nos rencontres, qu'à chaque fois que Madeleine arrivait dans la pièce, elle semblait « récapituler » les caractéristiques de l'espace, allant de recoins en détails (en passant par une manipulation de l'interrupteur) avant de s'installer à une activité quelconque. Le point fixe « de mon côté » aura été, depuis la première séance, ma feuille de note (si je me déplaçais dans la pièce, ma feuille restait toujours posée sur ma chaise). Il semble alors que l'on puisse décrire un mouvement paradoxal se deployant à partir du foyer de ma feuille. Petit à petit, Madeleine a commencé à venir tracer des courbes sur ma feuille, d'abord lorsque je laissais la feuille loin de moi, puis cet espace de papier est devenu l'endroit d'un rapprochement relationnel de plus en plus direct et nuancé. Après plusieurs étapes, il a été possible pour Madeleine d'attraper le bout de mon stylo et de se laisser guider par « voie pathique » par mon mouvement d'écriture (ce que je comprenais comme l'acceptation confiante d'un rythme que pour une fois, elle n'aurait pas imprimé autoritairement aux choses) et enfin, nous en sommes venues à dessiner avec le même stylo, que nous échangions à tour de rôle, sur un espace devenu partagé. Parallèlement à ce cheminement vers et autour du point le plus « fixe » de l'espace de la psychothérapie, elle s'est mise à en repousser « l'horizon » extérieur : elle a commencé à sortir régulièrement dans le couloir du premier étage et à y manipuler les interrupteurs ; elle est allée, après plusieurs mois de suivi, jusqu'à la porte d'entrée du CMP lui-même, qu'elle a ouverte et refermée, pour revenir ensuite dans le bureau (à ma demande). L'espace « intermédiaire » de la salle d'attente s'est trouvé lui-aussi habité différemment : les hurlements à l'arrivée de

Madeleine ont cessé mi-avril. Il faut reconnaître là l'inventivité de sa mère qui est sans doute parvenue à lui faire reconnaître cet espace comme « vivable » grâce à la fontaine attenante à la salle d'attente, si bien qu'à cette époque je trouvais Madeleine en train de se désaltérer chaque fois que je venais la chercher pour une de nos séances. A travers la description de ces mouvements dans l'espace, ne pouvons-nous pas voir se dérouler un processus qui, en se reposant sur la fixité, l'identité, progresse vers la nouveauté et la surprise ?[188] Au sein de jeu très répétitifs, il a été par exemple assez remarquable que Madeleine prenne l'initiative de sortir, après trois mois de rencontres régulières, un jeu de construction sur lequel son regard ne s'était jusqu'alors jamais posé. Elle s'est mise, non pas à vider et remplir le récipient, mais à empiler des bouts de bois pendant quelques instants, construisant un petit édifice. Dans le même ordre de surprise, Madeleine a commencé à sortir de son silence à la même période, pour prononcer, non pas des mots, mais des sons clairs et articulés, pouvant avoir la prosodie d'une phrase, comme [tutu aa dada di eya aa tétété titi tata], rythmés de modulations sonores du souffle. Il est apparu que j'avais, tout comme sa mère, une tendance à « sur-interpréter » ses émissions vocales, auxquelles je répondais par une série de mots proposés dans une forme interrogative. Mais l'idée de la question, passant par voie pathique, dans l'intonation des phrases, n'est-elle pas de nature à incarner la vitalité potentielle d'une *parole parlée* sédimentée, dont nous lui livrions là une page ?

D-Hypothèse anthropologique.

Il semble que Madeleine interroge une certaine confiance fondamentale et naturelle ; que son regard souligne une structure d'intervalle de l'ordre de « l'être-relié-à » (au sol, aux choses, aux autres). Pour formuler cette idée au plus près de son comportement, nous dirions qu'**elle questionne les évidences naturelles sous la forme d'un paradoxe vécu corporellement**, qui se manifeste dans une posture évoquant l'équilibriste ou le **funambule**.

Tout d'abord, elle a a pris le temps, à plusieurs reprises, d'observer la chute de certains objets qu'elle lâchait d'une certaine hauteur (un bout de pâte à modeler le plus souvent), ou

---

[188] Nous ne devons pas oublier que cette enfant a un âge où le changement est une modalité naturelle d'évolution, si bien qu'il faudrait se garder de surestimer l'influence du travail psychothérapeutique.

qu'elle faisait rouler sur un plan incliné (incarné par ma feuille de notes, « empruntée » à cet effet) ; ce que je comprenais comme une interrogation corporelle des « évidences naturelles » ainsi nommées par Anne, la patiente hébéphrène de Blankenburg[189] ; comme si elle faisait l'expérience pré-thématique de ce qu'on nomme, en langage thématique, la loi de la gravité, que nous éprouvons nous-mêmes avant toute connaissance réflexive, par le fait que notre corps est relié au sol.

Puis, à plusieurs reprises, elle a retrouvé cette bizzarerie dans la déambulation, qui avait été sa façon d'apprendre à marcher, non pas en déroulant la plante de ses pieds sur la terre ferme mais en l'«effleurant» de la pointe de ses orteils. Elle semblait alors « marcher sur des œufs » au sens propre, c'est à dire s'appuyer sur un sol d'une extrême fragilité. Il lui est arrivé aussi, plusieurs fois, d'évincer le poupon du berceau, pour tenter d'y rentrer à sa place. Dans un premier questionnement « psychologisant », j'étais amenée à me demander pourquoi elle prenait la place de la poupée, dont je me demandais si elle était considérée par Madeleine comme une chose ou comme un bébé. Puis, je me suis rendue compte que dans cette initiative périlleuse, elle tentait précisément de se tenir debout à l'endroit le plus instable et le plus inconfortable de la pièce, le berceau étant construit d'une planche de bois à bascule.

L'impression de voir une enfant en train de se maintenir, en permanence dans un équilibre instable, s'était esquissée pour moi, dès la survenue de l'effondrement réactionnel au recul de mon corps, décrit plus haut. Dans cette expérience, je m'étais sentie moi-même en équilibre sur une ligne limite d'une extrême étroitesse : si je m'approchais trop, Madeleine m'évitait d'autant, mais si je reculais, la panique était absolue. Si bien que l'endroit de la distance juste semblait être un lieu fragile quasi-inexistant et à rechercher sans cesse par des ajustements minuscules. Le petit geste du mécontentement, si difficile à décrire spatialement, incarne au mieux ce paradoxe vivant : elle semblait à la fois toucher et ne pas toucher les choses, retirer sa main en même temps que la poser, à la fois « accéder à » et « se retirer » d'un contact.

Nous sommes frappés par la résonance de ce geste avec les descriptions que Merleau-Ponty donne de l'expérience perceptive et qui le mènent à la notion ontologique de *chiasme de la chair* : « *Tout se passe comme si [...] l'accès au monde n'était que l'autre face d'un retrait, et ce retrait en marge du monde une servitude et une autre expression de mon pouvoir*

---

[189] W. BLANKENBURG, *La perte de l'évidence naturelle, Une contribution à la psychopathologie des schizophrénies pauci-symptomatiques*, PUF, Paris, 1991, 237 p.

naturel d'y entrer. »[190] Mais alors que ce *chiasme* est vécu dans une évidence irréfléchie par l'homme de la vie quotidienne, alors qu'il émerge au cœur d'un effort philosophique chez Merleau-Ponty, chez Madeleine il semble être interrogé visiblement.

Qu'on ne se méprenne pas sur notre commentaire qui pourrait tendre vers une familiarité descriptive avec la psychose schizophrénique, telle qu'elle est décrite par Blankenburg. Pour cette enfant, l'interrogation diagnostique reste pleine et non résolue (cela justifierait une discussion argumentée dans un autre type de travail), et passe au second plan derrière le dynamisme évolutif de sa relation au monde et aux autres. En quelques mois, le contact intersubjectif s'est épanoui, révélant une créativité proche de l'humour : un jour, Madeleine s'est mise à « faire la malade », feignant, devant sa mère et moi, une toux exagérée avec une lueur de malice dans le regard. Nous sommes tentés de voir une grande subtilité et une grande drôlerie dans cette mise en scène de l'enfant malade, figure dont elle se distingua avec brio dans un éclat de rire ; mais peut-être qu'il ne s'agit là que d'une interprétation discutable.

---

[190] VI, p. 23.

CONCLUSION

La rencontre avec Madeleine nous a permis de vivre une expérience dans laquelle notre propre parole a croisé un certain silence. Sans mot, mais avec son corps, cette enfant nous a fait partager un « espace-temps » pré-parolier dans lequel l'intervalle a jailli comme abstraction paradoxale, chiasmatique, ancrée au cœur même de son corps. L'écart, en même temps qu'il émergeait de sa main (par le rayon entre le pouce et l'index écartés), résonnait avec les formes du monde environnant.

L'étude du geste de « pointer du doigt » chez l'enfant avait déjà attiré notre attention sur la concomitance, dans un même mouvement, d'un *ici* silencieux, situé du côté du corps de l'enfant, et d'un *là*, situé du côté du monde et de la parole de l'adulte.[191] L' écart entre l'*ici* et le *là* se reconduit toujours de proche en proche, puisque quand nous arrivons *là*, il se transforme en un nouvel *ici*. Ne pouvons-nous donc pas penser que notre vie se fond(e) « dans » ou « sur » un intervalle, ou une différence, irréductible ? Nous avons pu découvrir, en suivant la pensée de Maldiney sur le rapport esthétique à la forme, que le temps et l'espace ne sont que les fruits d'une thématisation réflexive. Et en effet, au cours du geste déictique de l'enfant, l'*ici-là* manifesté par le corps correspond, temporellement, à un *maintenant* unique. Si bien que, contrairement à l'idée selon laquelle le mouvement se déclinerait « à partir » du temps et de l'espace ; le temps (le *maintenant*) et l'espace (l' *ici-là*) nous sont apparus « dans » le mouvement du corps, dans le geste.

Quand Patrice Loraux dit que philosopher consiste à « *être par soi à l'origine de distinctions instables* »[192], il nous montre que la structure d'intervalle, incarnée dans une *ipse*, donne les distinctions d'une manière toujours renouvelée qui suppose la propre « vibration » de cette structure. La philosophie se montre ainsi mouvante et vivante ; une dignité est donnée au « bougé » de l'expérience de pensée. La structure d'intervalle s'anime dans un rythme.

---

[191] Il serait intéressant d'essayer de rendre compte de l'absence de geste déictique chez Madeleine, question que nous n'avons pas abordée dans notre travail.
[192] P. LORAUX, « Le logico-pathétique chez Marc Richir », intervention prononcée le 11 juin 2005, dans le cadre d'un séminaire de l'Ecole française de Daseinsanalyse, consacré au livre de Marc RICHIR, *Phantasia, imagination, affectivité, Phénoménologie et anthropologie phénoménologique*, Jérôme Millon, Grenoble, 2004.

Dans notre expérience de *chiasme* avec le silence de Madeleine, nous avons été sensibilisés au poids de l'atmosphère affective, non plus dans la pensée en général[193], mais dans la situation psychothérapeutique. La communication s'y est donnée comme modulation d'une distance intersubjective, se déclinant par exemple en recul paniquant, en avancée repoussante…Mais l'existence d'une compréhension dans le style affectif, sur laquelle repose l'expérience de la rencontre d'un psychiatre phénoménologue avec son patient, n'a-t-elle pas certaines limites ? A ce propos, Jacques Lacan[194] nous met en garde, nous sensibilisant au fait que lorsque nous projetons la lumière de la compréhension sur autrui, « quelque chose » de nous-mêmes passe dans l'éclairage, ce qui ne contredit en rien la description d'un *chiasme* de la *chair*, mais qui pourrait éventuellement nous faire manquer l'altérité de nos patients, toute revêtue des couleurs de notre propre regard.

Malgré tout, le dégagement d'un registre de sens échappant au positivisme du langage discursif féconde notre expérience de la rencontre.

Ce registre pourrait être nommé par Stern *implicite*, en tant qu'il est entrelacé avec l'*explicite* des mots. Nous relevons que Stern combat l'idée de « précurseurs implicites » du langage. Selon lui, l'implicite reste présent, sous-jacent à l'explicite lorsque le langage adulte est survenu et va même en s'enrichissant avec l'âge.[195] Il indique, selon nous, la « *latence de principe* » d'un « *invisible de droit* » qui évoque l'inconscient phénoménologique. Alors que l'inconscient freudien semble être un champ de conscient refoulé, homogène au langage, potentiellement appelé à devenir conscient ; l'inconscient phénoménologique, en revanche, est un horizon anté-prédicatif, à jamais inconscient, mais sous-jacent à l'ici et au maintenant, se donnant comme style non réifiable.

Nous restons sensibles à la mise en garde de Pierre Sauvanet, qui dénonce le risque consistant à faire du rythme une métaphore « *à tout dire* », « *surtout ce qu'on ne peut pas dire, ce qui est en-deçà de tout discours* ». [196] Mais la description d'un espace-temps se « trans-*formant* » dans le rythme peut, malgré tout, bien rendre compte du vécu de la parole dans la rencontre psychothérapeutique, qui re-modèle l'expérience entière. A une

---

[193] L'entrelacs de l'affectivité et de la pensée s'est aussi manifesté au cours des différentes étapes qui ont abouti à l'écriture de ce mémoire. Nous avons éprouvé que la ligne de raisonnement logique était entremêlée à des reliefs affectifs, découragement et doutes revirant dans des élans nouveaux, gagnant en nuances. Ou encore, la compréhension ou l'incompréhension des textes s'est donnée comme tramée d'une texture pathique, dont nous rendons peut-être compte lorsque nous parlons d'*obscurité* ou d'*éclaircissement* théorique.

[194] J. LACAN, *Le séminaire, livre III, Les psychoses*, Seuil, Paris, 1981.
[195] D. N. STERN & co, "Intersubjectivité, à propos des liens entre expériences, mots et narrations », in *Carnet Psy*, n°95, 2005, pp 31-40.
[196] P. SAUVANET, *Le rythme et le raison (I-Rythmologiques)*, Ed. Kimé, Paris, 2000, p. 127.

compréhension thématique « dans le sens », s'oppose une compréhension « dans le style », dans une « direction de sens » non-thématique. Celle-ci, tout d'abord, donne au patient la possibilité de communiquer avec ses propres expressions dans la compréhension de lui-même ; et ensuite permet au psychothérapeute de saisir le style d'une pathologie comme une flexion du style de l'homme. Et par ailleurs, l'ontologie de la *chair* développée par Merleau-Ponty nous aide à repenser l'« opposition » entre thème et style comme une *dialectique sans synthèse*, où chaque terme de l'opposition n'existe que dans un « jeu de balancier » avec l'autre.

Nous avons reconsidéré notre expérience de la rencontre psychiatrique comme point à partir duquel un « *rayon de monde* »[197] peut se déployer, dans le sens où un point particulier, prélevé sur l'universel, retient l'universel en lui par ses racines[198]. Selon Winnicott, la psychanalyse n'est qu'une forme sophistiquée du phénomène naturel et général qu'est le jeu[199]. Ce point de vue permet d'infléchir notre questionnement relatif au sentiment d'improvisation dans les échanges de paroles en psychiatrie, sentiment qui, en effet, appartient autant au vécu du jeu enfantin qu'à celui de la production artistique. Dans ce type d'expérience, nous éprouvons le déploiement d'un sens « se faisant », pas plus réifié que le *duende* qui, tout en étant bien *là*, n'est « localisable » ni dans la guitare, ni dans les doigts, ni dans la tête du *cantaor*. Ce sens s'accorde à une vitalité quotidienne, dans un processus de « *co-pensée* »[200] qui, loin de découvrir la vérité, instaure, dans le style du récit au conditionnel qui accompagne le jeu enfantin (« ... alors, *on dirait que* je serais ceci, que tu serais cela... »), un vraisemblable partagé.

---

[197] La dimensionnalité est « *cette propriété primordiale qui appartient à la chair, étant ici et maintenant, de rayonner partout et à jamais, étant individu, a'être aussi dimension et universel* », VI, p.188.
[198] VI, p. 271.
[199] « *Ce qui est naturel, c'est de jouer, et le phénomène très sophistiqué du vingtième siècle, c'est la psychanalyse* », D. W. WINNICOTT, in *Jeu et réalité*, Gallimard, p.60.
[200] La notion de « co-pensée » dans le processus psychothérapeutique est décrite par Daniel WIDLOCHER, *Les nouvelles cartes de la psychanalyse*, Ed. Odile Jacob, Paris, 1996.

BIBLIOGRAPHIE

ANZIEU Didier, *Le moi-peau*, Dunod, Paris, 1995, 291 p.
AUCLAIR Marcelle, *Enfances et mort de Garcia Lorca*, Seuil, Paris, 1968, 478 p.
BLANCHOT Maurice, *L'espace littéraire*, Gallimard, s.l., 1955, 376 p.
BLANKENBURG Wolfgang, *La perte de l'évidence naturelle,Une contribution à la psychopathologie des schizophrénies pauci-symptomatiques*, PUF, Paris, 1991, 237 p. ; trad. de l'allemand par J-M AZORIN et Y. TOTOYAN, de *Der Verlust der Natürlichen selbstverständlichkeit*, Ferdinand Enke Verlag, Stuttgart, 1971.
BLAS VEGA José, article « Flamenco», in *Encyclopedia Universalis*, Vol 9, 1990, pp 518-520.
CHOMSKY Noam, *Aspects de la théorie syntaxique*, Seuil, 1971, 283 p.
CICCONE Albert, « L'expérience du rythme chez le bébé et dans le soin psychique », in *Neuropsychiatrie de l'enfance et de l'adolescence*, 53, 2005, pp 24-31.
COQ J-M, VIDAL J-M, « Introduction d'un tiers dans l'approche psychothérapeutique d'un enfant autiste », in *L'information psychiatrique*, n°8, 2002, pp 781-787.
DASTUR Françoise, *Chair et langage, essais sur Merleau-Ponty*, Encre Marine, La versanne, 2001, 220 p.
DASTUR Françoise, *Husserl Des mathématiques à l'histoire*, PUF, Paris, 2ème ed.,1999,128p.
DAVID-MENARD Monique, « Le corps et la psychanalyse », article « Corps », in *Encyclopedia Universalis*, 1990, pp 612-614.
DAVIS Madeleine, WALLBRIDGE David, *Winnicott, Introduction à son œuvre*, PUF, Paris, 1992, 189 p. ; trad. de l'anglais par R. PELSSER de *Boundary and space (An introduction to the work of D.W. Winnicott)*, Brunner/Mazel Inc., New-York and H. Karnac Books Ltd, London, 1981.
DOR Joel, *Introduction à la lecture de Lacan, tome II : La structure du sujet*, Ed. Denoël/L'espace analytique, 1992, pp 123-138.
DUPOND Pascal, *Le vocabulaire de Merleau-Ponty*, Ellipses, Paris, 2001, 63 p.
FARAGO France, *Le langage*, Armand Colin, Paris, 1999, 176 p.
FEDIDA Pierre, « La formation métaphorique d'une technique du corps dans la pratique psychothérapique », in *Confrontations Psychiatriques*, n° 26, 1985, pp 167-181.
FEDIDA Pierre, « Soma et psyché », article « Corps », in *Encyclopedia Universalis*, volume 6, 1990, pp610-611.
FREUD Sigmund, « Au-delà du principe de plaisir », in *Œuvres complètes, Vol.XV*, PUF, Paris, 1996,pp 273-338 ; trad. de l'allemand par J. Laplanche et J-B Pontalis, de *Psychoanalytischer Verlag*, Leipzig, Internationaler, 1920.
GARCIA LORCA Federico, "Teoría y juego del duende", pp 1067-1082, et "El cante jondo, primitivo canto andaluz", pp 973-994, in *Obras completas*, Tomo I, ed. Aguilar, 1954, 1315 p.
GEISMANN E. et C., CROGNIER E.,« L'espace transitionnel chez l'enfant psychotique », in *Psychiatrie de l'enfant*, XXI, 2, 1978, pp 373-424.
HAAG Geneviève, « Hypothèse sur la structure rythmique du premier contenant », *Gruppo*, n°2, 1986, pp 45-53.
HOUZEL D., « Genèse et psychopathologie du langage chez l'enfant, Introduction », in *Neuropsychiatrie de l'enfance et de l'adolescence*, n° 10-11, 1984, pp 477-491.
HOUZEL D., EMMANUELLI M., MOGGIO F. dir., *Dictionnaire de psychopathologie de l'enfant et de l'adolescent*, PUF, Paris, 2000.
HUNEMAN Philippe, KULICH Estelle, *Introduction à la phénoménologie*, Armand Colin, Paris, 1997, 192 p.

HUSSERL Edmund, *Recherches Logiques*, Tomes I, II, III, PUF, Paris, 1959, 1961, 1962 et 1963.
KRISTEVA Julia *Le temps sensible (Proust et l'expérience littéraire)*, Gallimard, s.l., 1994, 455 p.
JOUANJEAN L'ANTOENE Annick, *Etude préliminaire de la communication gestuelle et verbale chez 16 enfants de 2 à 3 ans observés dans une crèche de Rennes. Cas particulier du geste du pointer du doigt*, Thèse Doct. Ecologie, Rennes I, 1982.
LACAN Jacques, *Le séminaire, livre III, Les psychoses*, Seuil, Paris, 1981, 363 p.
LACAN Jacques, *L'identification*, séminaire inédit du 16 mai 1962.
LANTERI-LAURA Georges, « La notion de structure en psychiatrie », in *Ann Méd Psychol*, 2002, 160, pp 43-53.
LANTERI-LAURA Georges, *La psychiatrie phénoménologique (Fondements philosophiques)*, PUF, Paris, 1963, 205 p.
LANTERI-LAURA Georges, « Principales théories dans la psychiatrie contemporaine », in *Encyclopédie médico-chirurgicale (Psychiatrie)*, 37006 A.10, 10, 1981.
MALDINEY Henri, *Regard Parole Espace*, L'Age d'Homme, Lausanne, 1973, 323 p.
MARCEAU Jean-Claude, « Binswanger, Roland Kuhn et le dit inconscient », in *Phénoménologie et existentialisme en Italie*, Le Cercle Herméneutique, n° 1, 2003, pp140-151.
MARCELLI Daniel, « De l'hallucination d'une présence à la pensée d'une absence : à propos du rôle de l'absence dans les relations d'objets précoces », in *Psychiatrie de l'enfant*, XXVIII, 2, 1985, pp 403-440.
MARCELLI Daniel, *Enfance et psychopathologie*, Masson, Paris, 1982, 628 p.
MARCELLI Daniel, « Le rôle des microrythmes et des macrorythmes dans l'émergence de la pensée chez le nourrisson », in *Psychiatrie de l'enfant*, XXXV, 1, 1992, pp 57-82.
MERLEAU-PONTY Maurice, *Le visible et l'invisible*, Gallimard, s.l., 1964, 359 p.
MERLEAU-PONTY Maurice, *Phénoménologie de la perception*, Gallimard, s.l., 1945, 531 p.
MERLEAU-PONTY Maurice, « Sur la phénoménologie du langage », in *Signes*, Gallimard, s.l., 1960, pp136-158.
NAUDIN Jean, AZORIN Jean-Michel, « La phénoménologie a-t-elle un intérêt en pédopsychiatrie ? », Ann Med Psycol 2001, 159, pp 529-534.
NAUDIN Jean, SIRERE Sophie, WIGGINS O-P, SCHWARTZ M-A, AZORIN J-M, « L'usage de la réduction husserlienne comme méthode d'investigation dans l'expérience psychiatrique », in Nervure, Tome XIII, n°5, 2000, pp 21-27.
NAUDIN Jean, PRINGUEY Dominique, AZORIN Jean-Michel, « Phénoménologie et analyse existentielle », Encycl Méd Chir, Elsevier, Paris, Psychiatrie, 37-815-A-10, 1998, 8p.
NAUDIN Jean, *Phénoménologie et psychiatrie, Les voix et la chose*, P.U.M., Toulouse, 1997, 347p.
OPPENHEIM Lois, « De la chair aux symboles, discours de la douleur », in *Phénoménologie des sentiments corporels, t. I Douleur, souffrance, dépression*, Collection Phéno, Le cercle herméneutique, 2001, pp 201-208.
PANKOW Gisela, *L'homme et sa psychose*, Flammarion, s.l., 4ème ed., 1993, 305 p.
PANKOW Gisela, *L'homme et son espace vécu*, Aubier, Paris, 1986, 277 p.
PAYAN Christiane, « Troubles du langage et processus psychotiques infantiles », in *Dire : entre corps et langage*, sous la dir. de B. GOLSE et C. BURSZTEJN, Masson, 1993, pp 162-171.
PETIT Jean-Luc, « Images du corps : codage cartographique et plasticité » in *Les métaphores du corps*, L'Harmattan, Paris, 2004, pp 117-148.
PLESSNER H.,"Die Frage nach der Conditio humana", 1961, in *Die Frage nach der Conditio humana*, Suhrkamp, 1976, Francfort-sur-le-Main, pp 7-81.

PROUST Marcel, *A la recherche du temps perdu, t. I, Du côté de chez Swann*, Gallimard, s.l., 1954, 511 p.
PROUST Marcel, *A la recherche du temps perdu, t. VII, Le Temps retrouvé*, Gallimard, s.l., 1989, 447 p.
REY Alain dir., *Dictionnaire historique de la langue française*, Dictionnaires Le Robert, Paris, 1998.
RICHIR Marc, « Le problème de l'incarnation en phénoménologie », in *L'âme et le corps, philosophie et psychiatrie*, Plon, pp 163-184.
RICHIR Marc, *Phantasia, imagination, affectivité, Phénoménologie et anthropologie phénoménologique*, Jérôme Millon, Grenoble, 2004, 533 p.
RILKE Rainer Maria, *Lettres à un jeune poète*, Le livre de poche, Paris, 1989, 217 p.
ROBICHEZ-DISPA Anne, *Le pointer du doigt, Observation éthologique chez l'enfant normal et l'enfant psychotique*, Thèse Médecine, Toulouse, 1990.
ROBICHEZ-DISPA Anne, CYRULNIK Boris, « Observation éthologique comparée du geste de pointer du doigt chez des enfants normaux et des enfants psychotiques », in *Neuropsychiatrie de l'enfance*, 1992, 40 (5-6), pp 292-299.
SAUVANET Pierre, *Le rythme et le raison (I-Rythmologiques)*, Ed. Kimé, Paris, 2000, 245 p.
STERN Daniel N., LYONS-RUTH K., MORGAN A., NAHUM J., SANDER L. S., "Intersubjectivité, à propos des liens entre expériences, mots et narrations », in *Carnet Psy*, n°95, 2005, pp 31-40.
STERN Daniel N., *Le moment présent en psychothérapie, un monde dans un grain de sable*, Odile Jacob, Paris, 2003, 302 p., trad.de l'anglais par Michèle GARENE, de *The Present Moment in Psychotherapy and Everyday Life*, Norton, 2004.
STRAUS Erwin, *Du sens des sens (Contribution à l'étude des fondements de la psychologie)*, Jérôme Millon, Grenoble, 2000, 477 p. ; trad. de l'allemand par G. THINES et J-P. LEGRAND, Springer Verlag, Berlin, 1935.
STRAUS Erwin, « Le soupir, Introduction à une philosophie de l'expression », in *Phénoménologie et existentialisme en Italie*, Le cercle Herméneutique, n°1, 2003, pp 11-26.
TATOSSIAN Arthur, « Inconscient et phénoménologie », 1967, in *Psychiatrie phénoménologique*, Ed. Etim,Paris, 1997, pp 137-146.
TATOSSIAN Arthur, *La phénoménologie des psychoses*, Le cercle herméneutique, s.l., 2002, 255p.
TATOSSIAN Arthur, « La subjectivité », in D. WIDLOCHER, *Traité de psychopathologie*, PUF, 1995, pp 255-318.
TATOSSIAN Arthur, « Phénoménologie, linguistique et psychiatrie, à propos de l'article de Hans-Martin Gauger : « Conscience linguistique et linguistique ». », in *Confrontations psychiatriques* n° 18-1981, pp 233-258.
TISSERON Serge, « Traces-contact, traces-mouvement et schèmes originaires de pensée », in *Le dessin dans le travail psychanalytique avec l'enfant*, sous la direction de S. DECOBERT et F. SACCO, Erès, Ramonville-Saint-Agne,1995, p 117-132.
TELLENBACH Hubertus, *La mélancolie*, PUF, Paris,1979, 336 p.
TUSTIN Frances, *Autisme et psychose de l'enfant*, Seuil, Paris, 1977, 189 p. ; trad. de *Autism and childhood psychosis*, the Hogarth Press, London, 1972.
VAYSSE Jean-Marie, *Le vocabulaire de Heidegger*, Ellipses, Paris, 2000, 64 p.
WIDLOCHER Daniel, *Les nouvelles cartes de la psychanalyse*, Ed. Odile Jacob, Paris, 1996.
WINNICOTT Donald W., *Jeu et réalité (L'espace potentiel)*, Gallimard, s.l., 1975, 213 p. ; trad. de : *Playing and reality*, 1971, par C. MONOD et J-B PONTALIS.
WINNICOTT D. W., « Objets transitionnels et phénomènes transitionnels », 1951, in *De la pédiatrie à la psychanalyse*, Paris, Payot, 1969, pp 109-125.

ZUTT J., « Uber verstehende Anthropologie. Versuch einer anthropologischen Grundlegung der psychiatrisher Erfahrung", in H. W. GRUHLE, *Psychiatrie der Gegenwart*, Springer, Berlin, 1963, pp 763-852.

Oui, je veux morebooks!

I want morebooks!

Buy your books fast and straightforward online - at one of the world's fastest growing online book stores! Environmentally sound due to Print-on-Demand technologies.

Buy your books online at
www.get-morebooks.com

Achetez vos livres en ligne, vite et bien, sur l'une des librairies en ligne les plus performantes au monde!
En protégeant nos ressources et notre environnement grâce à l'impression à la demande.

La librairie en ligne pour acheter plus vite
www.morebooks.fr

OmniScriptum Marketing DEU GmbH
Heinrich-Böcking-Str. 6-8
D - 66121 Saarbrücken
Telefax: +49 681 93 81 567-9

info@omniscriptum.com
www.omniscriptum.com